W0078736

Doris Wolf

Wenn Schuldgefühle
zur Qual werden

Wie Sie Schuldgefühle überwinden und
sich selbst verzeihen lernen

Bibliografische Information **Der Deutschen Bibliothek**
Die Deutsche Bibliothek verzeichnet diese Publikation
in der Deutschen Nationalbibliografie; detaillierte
bibliografische Angaben sind im Internet über
http://dnb.ddb.de abrufbar.

© Copyright PAL Verlagsgesellschaft mbH, Mannheim
ISBN 3-923614-68-3
2. Auflage 2003
Alle Rechte vorbehalten
Druck: C. Bockfeld, Neustadt

Die Ratschläge dieses Buches sind von der Autorin
und vom Verlag sorgfältig geprüft. Autorin und Verlag
können jedoch keine Garantie geben und schließen
jede Haftung für Personen-, Sach- und Vermögens-
schäden aus.

Einleitung

Teil I:
Ursachen und Zusammenhänge

Teil II:
Konkrete Strategien

Teil III:
Typische Situationen, in denen Schuldgefühle auftreten

Einleitung

> *„Ab heute mache ich alles ohne Schuldgefühle*
> *oder ich mache es nicht."*
> Jens Corssen

Guten Tag, liebe Leserin, lieber Leser,

vielleicht kennen Sie mich schon von dem einen oder anderen meiner Bücher. Wenn nicht, werden wir uns bei diesem Buch näher kennenlernen. Sie werden ein wenig von mir, meinem Leben und meinen Erlebnissen erfahren. Jedes meiner Bücher gibt auch einen Teil von mir wieder und Schuldgefühle sind mir schon von früher Kindheit an vertraut. Auch Sie fühlen sich in irgendeiner Form von diesem Thema angezogen - sei es, daß Sie selbst unter Schuldgefühlen leiden oder aber zumindest mehr über die Entstehung und Beeinflussung von Schuldgefühlen erfahren möchten.

Es gibt nur ganz wenige Menschen, die keine Schuldgefühle kennen. Unser Ziel wird es deshalb in diesem Buch auf keinen Fall sein, Schuldgefühle für immer aus unserem Leben zu verbannen. Wir werden immer einmal wieder - zumindest für kurze Zeit - Schuldgefühle verspüren.

Ich möchte Ihnen mit diesem Buch mehr Entscheidungsfreiheiten geben bzw. Ihnen überhaupt die Entscheidungsfreiheit über Ihre Schuldgefühle zurückgeben - falls Sie sich Ihren Schuldgefühlen ausgeliefert sehen. Sie werden erfahren, wie Sie sich von lähmenden Schuldgefühlen befreien und sie in Reuegefühle umwandeln können. Hierfür brauche ich von Ihnen Ihre ganz große Bereitschaft, sich erst einmal meine Gedankengänge anzusehen. Gerade im bezug auf Schuldgefühle müssen wir beide damit rechnen, daß in Ihrem Innern ganz viele „Ja, aber ..."- Einwände auftauchen, wenn ich zu Ihnen spreche.

Ich kann und werde Ihnen Ihre Schuldgefühle nicht wegnehmen. Ich kann sie Ihnen nicht ausreden und fühle mich auch nicht berufen, darüber zu urteilen, ob Ihre Schuldgefühle berechtigt sind oder nicht. Das ist ganz alleine Ihre Entscheidung. Bitte bleiben Sie bei mir bis zum Ende des Buches und entscheiden Sie dann in aller Ruhe, ob Sie meine Gedanken oder zumindest einen Teil davon auf Ihr Leben übertragen möchten.

Was Sie in diesem Buch erwartet

Ich habe das Buch in drei Teile unterteilt. Im ersten Teil wollen wir uns damit befassen, wie Schuldgefühle entstehen, wie wir gewöhnlich mit ihnen umgehen und welche blockierenden Gedanken sich uns bei der Überwindung unserer Schuldgefühle in den Weg stellen. Außerdem gehen wir den Fragen nach, welche grundsätzlichen Denkfehler zu Schuldgefühlen führen und welche Menschen besonders empfänglich für Schuldgefühle sind. Im zweiten Teil lernen Sie wirksame Strategien kennen, die Sie zur Überwindung Ihrer Schuldgefühle einsetzen können. Darüber hinaus werden Sie auch lernen, wie Sie sich in Zukunft gegen Schuldgefühle wappnen können. Im dritten Teil schließlich werden Sie an der Lebensgeschichte vieler meiner Klienten teilhaben können. Sie werden typische Situationen miterleben, in denen Menschen mit Schuldgefühlen reagiert haben oder sich noch immer damit quälen. Ferner werde ich Ihnen auch hier für die einzelnen Bereiche Anregungen geben, wie Sie zukünftig Schuldgefühle vermeiden können. Ganz am Ende des Buches habe ich für Sie die wichtigsten Erkenntnisse nochmals zusammengefaßt.

Lesen Sie dieses Buch erst einmal im Überblick durch, ohne sich intensiv mit den Übungen zu beschäftigen. Dann wissen Sie, was Sie erwartet und ob Sie sich darauf einlassen wollen. In einem zweiten Durchgang, wenn Sie sich bewußt entschieden haben, an Ihren Schuldgefühlen zu arbeiten, gehen Sie die einzelnen Kapitel systematisch durch. Streichen Sie sich an, was für Sie besonders wichtig ist. Oder schreiben Sie die für Sie persönlich wichtigsten Erkenntnisse heraus. Überhaupt ist es sinnvoll, wenn Sie sich ein Notizbuch zulegen, in dem Sie sich Unklarheiten und Übungen notieren. Sollten Sie sich in einer Psychotherapie befinden oder an einer Selbsthilfegruppe teilnehmen, können Sie auch dort Ihre Einsichten und Einwände diskutieren.

Ein manches Mal ist es gerade dann, wenn man unter Schuldgefühlen leidet, so, daß man sich in einen Gedankenkreislauf verrannt hat, aus dem man durch das Lesen eines Buches auch nicht herauskommt. Falls Sie, liebe Leserin, lieber Leser, bemerken, daß Sie meinen Ausführungen immer wieder Einwände wie „Ja aber, da muß ich doch Schuldgefühle haben" oder „Frau Wolf kennt meine schlimmen Gedanken, meine Fehlentscheidung oder mein Fehlverhalten nicht, sonst würde sie nicht so leicht reden" entgegensetzen, dann möchte ich Sie bitten, einen Therapeuten aufzusuchen. Sie benötigen dann eine persönliche Unterstützung, um sich aus den quälenden Schuldgefühlen zu befreien. Auch ständig wiederkehrende Selbstmordgedanken oder über lange Zeit andauernde schwere Depressionen sollten Sie zu einem Psychotherapeuten führen.

Teil I:
Ursachen und Zusammenhänge

1.
Die Wurzeln der Schuldgefühle

In diesem Kapitel wollen wir ergründen, was Schuld- und Reuegefühle auszeichnet und wie sie entstehen. Die meisten von uns glauben zu wissen, weshalb sie Schuldgefühle quälen. Sie sehen die Ursache darin, daß sie Regeln gebrochen oder einen anderen Menschen verletzt haben. Doch warum leiden dann manche Menschen in genau der gleichen Situation nicht unter Schuldgefühlen?

Was verstehen wir unter Schuld- und Reuegefühlen?

Fallbeispiel: „Ich hätte nicht so egoistisch sein sollen".
Gerade hat Frau H. den Telefonhörer aufgelegt. Ihre Freundin hatte sie gebeten, ihr beim Umzug zu helfen. Frau H. hat zwar innerlich mit sich gerungen, der Freundin dann letzlich doch mit der Entschuldigung, daß sie genau an diesem Tag einen dringenden Arzttermin hätte, abgesagt. Jetzt fühlt sie sich elend und voller Schuldgefühle. Sie zermartert sich den Kopf: Sieht eine wirkliche Freundschaft so aus, daß sie die Freundin in einer schwierigen Lage im Stich läßt? Hätte sie nicht doch eigene Interessen zurückstellen und weniger egoistisch sein sollen?

Waren auch Sie schon einmal in einer solchen Situation? Haben Sie sich auch schon einmal schlecht gefühlt, weil Sie einem anderen Menschen eine Bitte abgeschlagen haben, um eigene Bedürfnisse zu erfüllen, und kamen Ihnen gehörige Zweifel an der Richtigkeit Ihres Verhaltens? Dann wissen Sie, wie sich Ihre Schuldgefühle bemerkbar machen. Doch zurück zum Ausgangspunkt: Was versteht man denn eigentlich unter Schuld und Schuldgefühlen?

In verschiedenen Lexika findet man unter dem Begriff Schuld: „Verpflichtung zu einer Gegenleistung", „Verantwortung für die Verletzung von Geboten und Pflichten". Irgendjemand scheint für uns Regeln zu formulieren und zu entscheiden, wann eine Leistung eine Gegenleistung erforderlich macht. Schuld zu haben, hat mit Verantwortung zu tun, der Verantwortung für das eigene Handeln und die Verpflichtung, für das eigene Handeln geradezustehen und einen eventuellen Schaden wiedergutzumachen. In unserer Sprache finden wir Redewendungen wie: „Ich stehe in deiner Schuld." „Ich fühle mich frei von Schuld." „Ihn trifft keine Schuld." „Ich bin mir keiner Schuld bewußt." Um von Schuld einem anderen gegenüber sprechen zu können, muß ein ursächlicher Zusammenhang zwischen dem eigenen Handeln und einem Schaden bestehen, den ein anderer erlitten hat. Je nachdem, wer die Gebote und Pflichten formuliert, folgen der Schuld unterschiedliche Konsequenzen.

Übertreten wir die Gesetze unseres Staates, so müssen wir mit Strafe durch den Gesetzgeber rechnen. Wir werden schuldig gesprochen und im Namen des Staates verurteilt. In manchen Ländern besteht die Höchststrafe sogar auch heute noch in der Todesstrafe. Sind wir Mitglied einer kirchlichen Organisation, so sind beispielsweise die 10 Gebote eine Richtschnur, anhand derer unser Verhalten beurteilt wird. In diesem Leben oder zumindest nach unserem Tode erwarten uns dann ebenfalls Konsequenzen, wenn wir ihnen zuwiderhandeln.

Ob man schuldig gesprochen wird, hängt auch davon ab, ob zum Zeitpunkt der Verurteilung alle Tatsachen über die Tat bekannt waren und ob das Verhalten zu diesem Zeitpunkt als falsch bewertet wurde. Ein manches Verhalten stellt sich sogar erst Generationen später als falsch heraus.

Schuldgefühle werden definiert als: „Gefühle, jemandem unrecht getan zu haben". Sie laufen im Innern von uns ab und sind nicht von außen kontrollierbar. Außerdem setzen sie voraus, daß wir ein Unrechtsbewußtsein haben, Bescheid wissen, was rechtes und unrechtes Verhalten beinhaltet, und erkennen, unrecht gehandelt zu haben. Schuldgefühle werden häufig auch mit der Redewendung „ein schlechtes Gewissen haben" umschrieben.

Schuld und Schuldgefühle müssen nicht zwangsläufig zusammen auftreten. Es gibt Menschen, die fühlen sich für alles und jedes schuldig, obwohl sie keine Schuld trifft. Und es gibt Menschen, beispielsweise manche Kriminelle und Psychopathen, die keinerlei Schuldgefühle verspüren, obwohl sie sich eines schweren Vergehens schuldig gemacht haben.

Der Unterschied zwischen Schuld- und Reuegefühlen

Viele Menschen setzen Schuld- und Reuegefühle gleich. Es gibt jedoch zwischen beiden Unterschiede, die ich mit Ihnen im Laufe dieses Buches herausarbeiten möchte.

- Wir verspüren Schuldgefühle, wenn wir unser Verhalten als falsch ansehen und uns als schlechten Menschen verurteilen.

- Wir verspüren Reuegefühle, wenn wir unser Verhalten als falsch ansehen, es bedauern, aber uns diesen Fehler verzeihen. Wir fühlen uns für unser Verhalten verantwortlich und suchen nach Wegen der Korrektur, Wiedergutmachung und Vermeidung des Fehlers in der Zukunft. Während Schuldgefühle uns quälen, lähmen, unsere gesamte Energie aufbrauchen können, fühlen wir uns mit Reuegefühlen in der Lage, aktiv zu werden. Wir behalten unsere Selbstachtung.

Schuldgefühle können sich ganz vielfältig äußern. Bei mir melden sie sich beispielsweise durch Magendruck, innere Unruhe, bisweilen Einschlafstörungen und manchmal auch durch ein gesteigertes Verlangen nach Süßem. In der Umgangssprache werden Schuldgefühle auch als „Gewissensbisse" bezeichnet. Ich finde mit diesem Wort kommt gut die Giftigkeit, das Quälende der Schuldgefühle zum Ausdruck. Schuldgefühle können für einen Menschen so quälend sein, daß er seine Lebensfreude, sein Interesse an der Umwelt vollkommen verliert und sogar Selbstmord begeht. Jeder Mensch hat ganz spezifische Signale, die ihn auf Schuldgefühle aufmerksam machen. Schuldgefühle können sich zeigen:

- in unseren Gefühlen
  Wir sind gereizt, mürrisch, wütend, haßerfüllt, ängstlich, resigniert, depressiv, fühlen uns einsam.

- im körperlichen Befinden
  Wir sind angespannt, unruhig, wie gelähmt, haben Magenbeschwerden, Schlaf-, Konzentrations-, Merkfähigkeitsstörungen, Durchfall oder Verstopfung, Heißhungerattacken oder Appetitverlust, Herzstechen, niedrigen oder hohen Blutdruck, Atembeschwerden, Kopfschmerzen, einen Kloß im Hals, verspüren ein Nachlassen unseres sexuellen Verlangens, usw. Langfristig können sich beispielsweise auch psychosomatische Erkrankungen wie etwa Magengeschwüre, Asthma und Ekzeme entwickeln.

- im Verhalten
  Wir verleugnen die Schuld, schieben sie auf andere ab, machen anderen Vorwürfe, ziehen uns von anderen zurück, entschuldigen uns ausschweifend, entwickeln selbstschädigende Verhaltensweisen, beginnen zu trinken, rauchen, überessen, Tabletten zu nehmen, überhäufen uns mit Arbeit, schieben notwendige Arbeiten auf, stürzen uns

in Aktivitäten, geißeln uns selbst, entwickeln zwanghafte Verhaltensmuster, nehmen uns im Extremfall das Leben.

Sie merken an dieser Aufzählung, daß es keine typischen Merkmale für Schuldgefühle gibt. Stattdessen schlagen sie sich in unterschiedlichen Gefühlen, Körperreaktionen und Verhaltensweisen nieder. Schuldgefühle sind im Grunde genommen keine richtigen Gefühle wie etwa Angst, Ärger, Trauer oder Freude. Sie sind eher Gedankengänge darüber, etwas falsch gemacht zu haben, die sich dann in Gefühlen und körperlichen Reaktionen äußern. Um so schwieriger ist es deshalb manchmal, Schuldgefühle überhaupt zu erkennen. Ein manches Mal sind wir uns unserer Schuldgefühle gar nicht bewußt. Wir fühlen uns einfach nur schlecht oder stürzen uns ohne Unterlaß in Arbeit. Viele Menschen kommen wegen ihrer körperlichen Symptome oder selbstschädigender Verhaltensweisen in Therapie und erst im Laufe von Gesprächen stellt sich heraus, daß die Ursachen in Schuldgefühlen zu suchen sind.

Natürlich variieren Schuldgefühle auch in ihrer Stärke und Dauer. Wenn wir einen Geburtstag vergessen haben, werden wir uns vielleicht nur ein paar Minuten mit Schuldgefühlen beschäftigen. Haben wir unsere Mutter im Pflegeheim untergebracht, werden uns die Schuldgefühle möglicherweise bis zum Tod der Mutter oder gar darüber hinaus begleiten. Wurde durch unsere Schuld ein anderer Mensch bei einem Autounfall schwer verletzt, können uns Schuldgefühle sogar bis zum Selbstmord treiben.

Schuldgefühle in Verbindung mit Depressionen und Zwangsneurosen

Schuldgefühle können auch als Begleiterscheinungen von Depressionen und Zwangserkrankungen auftreten.

a) Menschen, die darunter leiden, sich zwanghaft gedanklich mit etwas beschäftigen oder Handlungen immer wieder ausführen zu müssen, haben viele Einstellungen, die sie für Schuldgefühle empfänglich machen. Beispielsweise fordern sie von sich, alles perfekt machen, sich immer nach der strengsten Norm richten und ihre Gefühle vollkommen unter Kontrolle haben zu müssen. Sie glauben, daß jegliche fehlerhafte oder unvollkommene Leistung zu einer Katastrophe führen kann, und laden sich übertrieben viel Verantwortung für Ereignisse in ihrem Umfeld auf. Verhalten sie sich entgegengesetzt ihrer Forderungen, verspüren sie Schuldgefühle. Sie nehmen sich dann vor, noch mehr Kontrolle über ihr Verhalten auszuüben. Das zwanghafte Verhalten hilft ihnen dabei, ihre Schuldgefühle möglichst gering zu halten. Wenn Sie, liebe Leserin, lieber Leser, unter zwanghaften Gedankengängen oder Verhaltensweisen leiden und Ihre Lebensqualität eingeschränkt ist, dann sollten Sie sich therapeutische Unterstützung holen. Die Verhaltenstherapie hat sich hier als effektive Behandlungsmethode erwiesen.

b) Menschen, die sich schuldig fühlen, werden häufig depressiv. Sie verurteilen sich für ihr Verhalten und sehen sich als minderwertig oder Versager. Gleichzeitig sehen sie keine Chance, ihr Fehlverhalten jemals zu korrigieren.

Wie entwickeln sich unsere Schuldgefühle?

Wir haben uns in diesem Buch zum Ziel gesetzt, zu lernen, Schuldgefühle, die uns quälen, zu überwinden. Hierzu müssen wir zunächst einmal wissen, wie Schuldgefühle entstehen. Erst dann können wir uns Wege überlegen, sie abzulegen oder zumindest abzuschwächen. Die Suche nach den Quellen unserer Schuldgefühle führt uns zurück in unsere Kindheit. Wir werden nicht mit Schuldgefühlen geboren, sondern nur mit der Fähigkeit, uns Schuldgefühle machen zu können. Wir erlernen die Fähigkeit, in uns Schuldgefühle zu erzeugen, durch unsere Eltern, Lehrer, kirchliche und gesellschaftliche Vertreter. Vielleicht haben Sie als kleines Kind auch Botschaften gehört wie:

„Mami muß sich schämen mit dir, wenn du nicht danke sagst."
„Mami ist ganz traurig, weil du ihr keinen Kuß gibst."
„So was macht ein kleiner Junge nicht. Du solltest dich was schämen."
„Du bist nicht mehr Papas kleiner Liebling, wenn du jetzt nicht sofort dein Zimmer aufräumst."
„Das ist nun der Dank. Wir haben so viel für dich getan, und du verhälst dich so schlecht."
„Wegen dir hat Vater die ganze Nacht kein Auge zugetan."
„Du bist ein schlechter Junge, deiner Mutter so weh zu tun."
„Du bist schuld, wenn ich noch krank werde."
„Du bringst mich noch ins Grab."
„Dir wird es noch leid tun, daß du so unartig bist."
„Brave Kinder sind nicht wütend, lügen nicht, räumen ihre Kleider auf, schlagen nicht, machen sich nicht schmutzig, unterbrechen Erwachsene nicht im Gespräch, machen ihren Eltern keine Sorgen, machen ihren Eltern keine Schande, halten ihre Versprechen, usw. ... und wenn du diese Vorschriften nicht befolgst, bist du böse und mußt dich dafür schämen".

Haben Sie sich einige der Botschaften aus Ihrer Kindheit in Erinnerung rufen können? Wie haben Sie sich damals als Kind gefühlt, als Sie solche Vorwürfe zu hören bekamen? Ich kann mich noch gut daran erinnern, daß mein Bruder und ich solche Vorträge als „Gardinenpredigt" bezeichneten. Sie haben uns zwar nicht von Unartigkeiten abgehalten, aber wir hatten dann immer ein schlechtes Gewissen, etwas angestellt zu haben. Wir haben uns dann auch darin geübt, „Notlügen" zu erfinden, um dem Tadel aus dem Weg zu gehen.

Wahrscheinlich haben Sie sich nach solchen Vorwürfen auch schuldig gefühlt. Da wir von unseren Eltern gemocht werden und ihnen nicht wehtun wollen, fühlen wir uns schlecht und schuldig. Unsere Eltern setzen Schuldgefühle als ein Mittel zur Erziehung ein. Sie vermitteln uns die Botschaft: „Wenn du nicht tust, was wir wollen, lehnen wir dich ab. Außerdem fühlen wir uns schlecht und du bist schuld daran. Der einzige Weg, unsere Liebe zu gewinnen, ist, daß du dich nach unseren Vorstellungen verhälst. Dann bist du auch ein liebes Kind und von deiner Schuld befreit." Sie brauchen diese Botschaft noch nicht einmal mit Worten auszudrücken. Es genügt, wenn Papa uns nicht mehr beachtet, Mama nur noch das Nötigste mit uns spricht, mit Leidensmiene umherläuft, uns tadelnde Blicke zuwirft, die Stirn runzelt, uns keinen Gute-Nacht-Kuß gibt oder sich ans Herz faßt, weil sie vor Aufregung keine Luft mehr bekommt.

Für nonverbale Signale wie Mimik, Gestik, Blickkontakt, Körperhaltung und den Stimmklang sind wir als Kinder sehr empfänglich. Wann immer wir uns abgelehnt fühlen oder bei anderen uns wichtigen Menschen eine negative Reaktion sehen, entsteht in uns der Eindruck, etwas verkehrt gemacht zu haben. So lernen wir schließlich, aus Angst vor der negativen Reaktion der Erwachsenen gar nicht mehr zu tun, was wir uns so sehr wünschen, oder uns zumindest mit Schuldgefühlen zu bestrafen, wenn wir es dennoch tun.

Wir Kinder lernen diese Lektion sehr rasch. Wir lernen: „Tue ich etwas Schlechtes oder Verbotenes, dann bin ich ein schlechter und nicht liebenswerter Mensch und muß mich dafür verurteilen und schämen". Da wir noch nicht in der Lage sind, den Worten unserer Eltern kritisch gegenüberzustehen, übernehmen wir das vernichtende Urteil der Eltern.

Wir lernen, daß man stets die Wünsche und Erwartungen anderer Menschen erfüllen muß. Tut man das nicht, dann wird man abgelehnt und verurteilt; und wer möchte das schon? Auf diese Weise wachsen die meisten von uns als unsichere und ängstliche Menschen heran, die von der Meinung der Mitmenschen abhängig sind. Sind wir erwachsen, flammen diese Schuldgefühle stets auf, wenn wir glauben, andere

17

Menschen enttäuscht oder verletzt zu haben. Dann kommt die ganze Selbstverurteilungsmaschinerie in Gang. Oder aber wir lernen, uns zwar entgegengesetzt der Regeln oder Erwartungen anderer zu verhalten, aber die Verantwortung dafür abzulehnen. Uns fällt es schwer, Fehler zuzugeben. Immer sind dann die anderen schuld oder das Schicksal, die Umstände ... Bis jetzt können wir uns die Entwicklung von Schuldgefühlen folgendermaßen vorstellen:

1. Das Kind tut etwas.
   Die Eltern sagen: „Das ist falsch. Das darf man nicht. Du tust uns weh. Du bist ein böses Kind. Wir haben dich nicht mehr lieb". Die Eltern drücken mit nonverbalen Signalen Ablehnung und Mißbilligung aus.

2. Das Kind lernt die Einstellung:
   Ich habe etwas Falsches getan, verdiene Strafe, bin ein böses Kind.
   Ich habe andere verletzt, bin ein schlechtes KInd.

3. Das Kind vermeidet, Falsches zu tun und andere zu verletzen, oder tut es nur noch mit schlechtem Gewissen, bestraft sich mit Schuldgefühlen.

Je wichtiger die Eltern oder andere Bezugspersonen für das Kind sind, umso empfänglicher wird es für Schuldgefühle sein. Mit der Zeit wird das Kind aus Angst vor Ablehnung und Schuldgefühlen sogar zukünftige Verhaltensweisen, die den Geboten der Bezugspersonen widersprechen können, vermeiden. Es wird sich nach den Normen der Eltern richten und nur noch tun, was in den Augen der Eltern richtig ist. Es wird dann sozusagen fremdgesteuert, lernt, nicht mehr auf eigene Bedürfnisse, Wünsche und Vorstellungen zu hören. Es verinnerlicht die Wertungen der Eltern, und auch wenn die Eltern nicht zugegen sind, wird es sich nach deren Regeln verhalten. Aus der Sicht der Eltern ist dann der Erziehungsprozeß abgeschlossen und die Erziehung gelungen: „Das Kind kommt nicht mehr auf dumme Gedanken und wird erwachsen. Handelt es den Vorstellungen der Eltern zuwider, bestraft es sich mit Schuldgefühlen und Selbstverachtung."

Nun will ich hier keine Schimpfkanonade auf die Eltern loslassen. Die Eltern sind fast immer davon überzeugt, das Beste für ihr Kind zu tun. Sie handeln in bester Absicht, aus ihrem Kind einen reifen, verantwortungsvollen erwachsenen Menschen zu formen. Tatsache ist, wir müssen als Kinder eine Unmenge an Geboten und Regeln lernen, um uns nicht in Lebensgefahr zu bringen, in dieser Gesellschaft integriert zu sein und funktionieren zu können. Außerdem haben die meisten Eltern in der eigenen Kindheit ähnliche Erfahrungen gemacht und ihr Erziehungsverhalten von den eigenen Eltern gelernt. Fatalerweise ist jedoch die Erziehung mit Hilfe von Schuldgefühlen keine effektive, geeignete Erziehung. Kinder lernen hierdurch nicht, den Sinn von Regeln und Normen zu verstehen. Sie lernen nicht, daß es besser für sie ist, ein bestimmtes Verhalten zu zeigen. Sie lernen lediglich, aus Angst vor den Konsequenzen die Regeln zu befolgen.

Wie erzeugen wir uns als Erwachsene Schuldgefühle?

Nun könnte man meinen: „Wenn wir erst einmal erwachsen sind, dann wird alles anders. Dann bestimmen wir unsere Regeln und Prinzipien selbst und können tun und lassen, was WIR wollen". Doch dem ist nicht so. Haben wir erst einmal Regeln und Wertmaßstäbe verinnerlicht, dann können wir sie nicht einfach löschen. Sie sind erstens so automatisiert, daß wir deren Einfluß häufig gar nicht mehr wahrnehmen. Wir haben nur den Eindruck, daß wir uns nicht anders verhalten können, „daß sich das einfach so schickt und gehört", „daß man das eben so tut", „daß man halt so reagiert". Und zweitens sind wir so an die Befolgung der Regeln gewöhnt, daß wir bei Zuwiderhandlung erst einmal den Eindruck haben,

19

„Unrechtes" oder „Gefährliches" zu tun. Dieses Gefühl, etwas Falsches zu tun, erschwert uns das Erlernen neuer Verhaltensweisen. So sinnvoll es gewöhnlich ist, auf seine Gefühle zu hören, leiten sie uns an diesem Punkt leider in die Irre. Um uns neue Regeln anzueignen, müssen wir lernen, für kurze Zeit nicht auf unsere Gefühle zu hören. (s. hierzu Kapitel 3)

Das ABC der Schuldgefühle

Auch wenn es Ihnen bisher so erzählt wurde und Sie es bisher geglaubt haben: Schuldgefühle sind nicht die logische Folge eines Fehlverhaltens. Unsere Schuldgefühle erzeugen wir uns als Kinder - dann, wenn wir uns die Regeln und Vorschriften der Erwachsenen bereits zu eigen gemacht haben - und als Erwachsene selbst. Wir selbst sind verantwortlich für sie. Sie brechen nicht über uns herein, sondern sind das Ergebnis negativer Selbstgespräche, die wir führen, wenn wir glauben, an etwas schuld zu sein. Sowohl die Selbstgespräche als auch die Schuldgefühle sind uns manchmal überhaupt nicht mehr bewußt. Wir fühlen uns lediglich depressiv, gereizt, angespannt oder bemerken nur körperliche Beschwerden. Schuldgefühle entstehen wie alle Gefühle nach dem ABC der Gefühle.

Das ABC der Gefühle

A: Situation:
Wir haben etwas gesagt, getan, gedacht oder gefühlt.

B: Selbstgespräch/Bewertung:
Wir bewerten diese Situation als positiv, neutral oder negativ für uns.

C: Gefühle, Körperreaktion und Verhalten:
Wir fühlen und verhalten uns entsprechend unserer Bewertung.

Schuldgefühle entstehen nicht dadurch, daß wir etwas „Schlimmes" gesagt oder getan haben oder tun werden (A: die Situation). Schuldgefühle entstehen, weil wir uns in Gedanken sagen, daß wir etwas „Schlimmes" gesagt oder getan haben, was wir nicht hätten sagen oder tun dürfen, und daß wir, weil wir es dennoch getan haben, schlechte und minderwertige Menschen sind (B: unsere Bewertung).

Andere können uns keine Schuldgefühle machen. Wenn ein anderer uns einen Vorwurf macht und wir uns schuldig fühlen, dann einzig und allein deshalb, weil wir dem anderen beipflichten. Wir sagen uns innerlich: „Er hat recht. Ich hätte das nicht tun oder sagen sollen. Das war nicht recht von mir".

Auf unsere Schlußfolgerungen kommt es an

Die Bewertung (B), etwas falsch gemacht zu haben, alleine erklärt nicht vollständig, weshalb wir Schuldgefühle haben und es uns so schlecht geht. Was ist denn nur so Schlimmes dabei, etwas versäumt oder falsch gemacht zu haben? Was ist so schlimm daran, etwas nicht zu tun, was man tun müßte? Was in aller Welt bewirkt, daß in uns dieses nagende Gefühl entsteht und wir nur schwer aufhören können, uns immer wieder Vorwürfe zu machen? Die Erklärung ist, daß wir in unseren Selbstgesprächen (B) aus unserem Vorwurf noch eine Schlußfolgerung ableiten: „Wir hätten uns nicht so verhalten sollen, und da wir es dennoch getan haben, sind wir ein schlechter und ablehnenswerter Mensch".

Es ist diese vernichtende Schlußfolgerung, die uns solche Probleme macht. Wir müssen also unser Modell davon, wie Schuldgefühle entstehen, noch ergänzen:

A: Situation:
   Wir tun, sagen, denken oder fühlen etwas.
B: Selbstgespräch/Bewertung:
   Wir bewerten unser Tun, unsere Gedanken, unsere Worte oder unsere Gefühle als falsch: „Ich hätte das nicht tun/sa-

gen/denken/fühlen dürfen" oder „Ich sollte so etwas nicht tun, sagen, denken oder fühlen".

Weil wir etwas getan, gesagt, gedacht oder gefühlt haben, das wir verurteilen, folgern wir daraus: „Ich bin ein schlechter, ablehnenswerter Mensch".

C: Gefühle, Körperreaktion und Verhalten:
Wir fühlen uns schuldig, bekommen körperliche Symptome und verhalten uns in einer bestimmten Art und Weise.

Dieses Schema trifft auf alle Schuldgefühle und auf alle Menschen zu. Abhängig von der Kultur, der Religion und der Zugehörigkeit zu bestimmten Gruppen unterscheiden wir uns nur darin, was wir als gut und schlecht, richtig und falsch ansehen. Die Regeln und Normen, nach denen wir unser Leben gestalten, sind unterschiedlich. Gemeinsam ist uns: Wenn wir unser Verhalten und gleichzeitig uns als Menschen verurteilen, werden wir Schuldgefühle verspüren.

Vielleicht wenden Sie nun ein: „Gibt es denn nicht Verhaltensweisen, wegen derer man einfach Schuldgefühle bekommen muß? Situationen, in denen man quasi keine Einflußmöglichkeiten auf seine Gefühle hat?"

Auf diese Frage möchte ich im Moment nur kurz eingehen. In Kapitel 3 werden wir uns noch eingehender damit beschäftigen. Wir haben immer Einflußmöglichkeiten auf unsere Gefühle. Dennoch gibt es sicher Situationen, in denen Sie im Augenblick einfach Schuldgefühle bekommen müssen, weil Sie dort vehement Ihren moralischen Vorstellungen zuwiderhandeln. Sie sind der Meinung, daß dies ein besonders schwerer Verstoß sei, den Sie sich nicht durchgehen lassen können, sondern mit Selbstverurteilung bestrafen müssen. Sie ganz persönlich MÜSSEN dann in dieser Situation im Augenblick mit Schuldgefühlen reagieren. Wenn Sie es richtig und angemessen finden, sich deshalb Schuldgefühle zu machen, dann ist das ja auch in Ordnung. Für die Zukunft können Sie jedoch entscheiden, ob Sie sich weiterhin so behandeln wollen oder nicht. Sie können zu jedem Zeitpunkt entscheiden, Ihre Schuldgefühle aufzugeben und sich zu verzeihen - wann immer Sie glauben, sich genügend Schuldgefühle gemacht zu haben, und wann immer Sie nicht mehr unter ihnen leiden möchten.

Auch den Einwand: „Ist es denn nicht ganz normal, sich Schuldgefühle zu machen?" höre ich oft von meinen Klienten. Ich antworte darauf immer: „Ja, es ist ganz normal, sich Schuldgefühle zu machen, wenn wir unter „normal" verstehen, daß sich die meisten Menschen Schuldgefühle machen. „Normal" heißt jedoch nicht, daß diese Denkweise gesund und hilfreich für Sie ist".

Was Sie beachten sollten: Sich Schuldgefühle zu machen, bedeutet immer, sich als Mensch für sein Handeln zu verurteilen. Würden wir lediglich unser Handeln als falsch bewerten, unseren Wert als Mensch jedoch nicht in Frage stellen, dann hätten wir keine Schuldgefühle. Wir hätten dann lediglich das Bewußtsein, etwas Falsches getan zu haben, würden unser Handeln bedauern, uns aber nicht zerfleischen. Wir würden uns lediglich für unser Verhalten und seine Folgen verantwortlich fühlen.

Welche Selbstgespräche führen zu unseren Schuldgefühlen?

Unsere Selbstgespräche, d.h. Bewertungen von dem, was wir tun oder sagen, laufen meist automatisch ab. Deshalb mag es sein, daß Sie jetzt einwenden: „Ich führe keine inneren Selbstgespräche. Meine Schuldgefühle sind da, weil ich mich falsch verhalten habe und nicht weil ich etwas denke." Ich möchte Ihnen recht geben, daß Sie es im Augenblick so erleben, als ob Sie nichts denken. Doch ist es so, daß unser Gehirn in jedem Augenblick unseres bewußten Erlebens die jeweilige Situation automatisch einschätzt. Es prüft, ob sie gefährlich für uns ist oder nicht, ob wir uns richtig verhalten oder nicht. An diesem automatischen Ablauf können wir überhaupt nicht rütteln, wir haben diesbezüglich keine Wahlmöglichkeit. Unser Gehirn ist einfach so konstruiert. Es läuft wie ein Roboter, der seine einmal einprogrammierten Aufgaben ausführt. Unser Gehirn-Programm besteht aus unseren eigenen gespeicherten Erfahrungen und Schlußfolgerungen, aus Erfahrungen, die wir uns angelesen oder von unseren Bezugspersonen abgeschaut haben, und dem, was unsere Eltern und Bezugspersonen uns direkt beigebracht und wir ihnen geglaubt haben. Leider sind wir es nicht gewohnt, auf unsere Gedanken zu achten. Und deshalb erscheint es uns so, als ob Situationen und andere Menschen unsere Gefühle unmittelbar auslösen könnten und wir ihnen hilflos ausgeliefert seien. Prüfen Sie einmal, ob Ihnen einige der folgenden Gedanken vertraut vorkommen:

Ich hätte das nicht tun dürfen.
Ich hätte das nicht sagen dürfen.
Wie konnte ich nur ... Ich hätte mich anders verhalten müssen.
So ein Fehler hätte mir nicht passieren dürfen.
Ich hätte das vorher wissen müssen.
Ich hätte nicht so sorglos sein dürfen.
Ich hätte mich mehr um sie kümmern müssen. Ich hätte daran denken müssen, daß ...
Ich hätte mich nicht so gehenlassen dürfen.
Ich hätte mehr für meine Kinder dasein müssen.
Ich hätte nicht so egoistisch sein dürfen.
Ich hätte meinen Eltern nicht so viele Sorgen machen dürfen.
Ich hätte nicht lügen dürfen.
Ich hätte nicht aus der Haut fahren dürfen.
Ich hätte nicht so faul die Zeit vergammeln sollen.
Ich hätte ihn nicht kränken dürfen.
Ich müßte mehr auf meine Gesundheit achten.
Ich sollte nicht so häufig Überstunden machen. Meine Fa-

milie kommt zu kurz.
Ich müßte mich mehr um meine Eltern kümmern.
Ich sollte mehr Rücksicht auf meine Mutter nehmen.
Ich müßte mehr für notleidende Menschen tun.
Ich dürfte nicht so egoistisch sein.

Vor jeden dieser Vorwürfe müssen wir noch die Bewertung schreiben: *„Das war/ist falsch von mir"*. Hinter jede Äußerung müssen wir noch unsere Schlußfolgerung ergänzen: *„Und da ich dies nicht tue/getan habe, bin ich ein schlechter Mensch"*. *„Und da ich dies tue/getan habe, bin ich ein schlechter Mensch"*.

Sind Ihnen einige der Vorwürfe vertraut? Dann sind Sie bereits Ihren Selbstgesprächen auf der Spur. Sie sind schon die ersten Schritte auf dem Weg der Veränderung gegangen.

Wenn nicht, benötigen Sie noch etwas Training in der Selbstbeobachtung Ihrer Gedanken. Fest steht, daß Sie, wann immer Sie sich gefühlsmäßig schlecht fühlen, auch etwas Negatives gedacht haben müssen. Sofern Sie keine körperliche Erkrankung oder Erkrankung des Gehirns haben, kann Ihr Körper nicht eigenmächtig Gefühle erzeugen. Er benötigt hierzu den Auftrag durch Ihr Denken. Bitte bleiben Sie am Ball und suchen Sie wie ein Detektiv nach Ihren automatisch ablaufenden Bewertungen. Es lohnt sich, den Selbstgesprächen auf die Spur zu kommen. Ihre Selbstgespräche bieten Ihnen die Chance, Ihre Gefühle zu beeinflussen.

Es gibt einen Universalschlüssel zum Verständnis Ihrer Schuldgefühle, den ich Ihnen nun überreichen möchte. Alle Menschen, die sich schuldig fühlen, haben einen gleichartig lautenden Gedankengang.

Wenn Sie Schuldgefühle verspüren, dann werfen Sie sich vor:

- etwas zu tun oder auch nicht zu tun, von dem Sie denken, daß Sie es tun sollten oder nicht tun sollten, z.B. „Ich sollte mich mehr um meine Kinder kümmern", „Ich sollte keine Schulden machen" oder „Ich sollte weniger Süßigkeiten essen".

- etwas getan oder gesagt zu haben, (aber glauben, nicht hätten tun oder sagen dürfen), z.B. „Ich hätte ihr nicht sagen sollen, daß mir ihr Geschenk nicht gefällt", „Ich hätte meine Eltern nicht belügen sollen".
- etwas versäumt zu haben, zu tun oder zu sagen (aber glauben, es hätten nicht versäumen dürfen) z.B: „Warum habe ich meinem Vater nicht häufiger gesagt, daß ich ihn liebe. Jetzt ist es zu spät und er ist tot".

und verurteilen sich dafür.

Was ist nun aber mit den Menschen, die sich scheinbar grundlos oder permanent schuldig fühlen? Wie können wir deren Gefühle mit dem ABC-Schema der Gefühle erklären?

Menschen, die zunächst keine Erklärung für ihre Schuldgefühle finden, stehen häufig in einem Konflikt zwischen zwei unterschiedlichen Bedürfnissen. Sie wollen beispielsweise etwas mit ihren Kindern unternehmen, aber auch Zeit für sich selbst haben. Entscheiden Sie sich für eine Tätigkeit ohne Kinder, fühlen sie sich schuldig, obwohl daran objektiv nichts Verkehrtes zu entdecken ist. Sie sind sich ihrer Forderung nicht bewußt, immer für die Kinder dasein zu müssen. Deshalb glauben sie, sich grundlos schuldig zu fühlen. Menschen, die sich immer schuldig fühlen, werfen sich beispielsweise ein „unverzeihliches Vergehen" vor. Andere haben in ihrer Kindheit die grundsätzliche Einstellung gewonnen, von Natur aus schlecht zu sein. Sie wurden oder werden auch heute noch in ihrer Familie als das schwarze Schaf angesehen, das an allem schuld ist. Sie laufen quasi mit der Grundeinstellung umher, mit ihnen stimme etwas nicht, sie seien grundsätzlich schlecht und ablehnenswert.

Schuldgefühle entstehen, weil wir unser Tun anhand bestimmter Wertmaßstäbe als falsch bewerten und uns verurteilen. Bis wir erwachsen sind, haben wir eine Unmenge von Normen, Regeln und Wertmaßstäben in unserem Kopf installiert. Wie ein Roboter reagieren wir in einer bestimmten Situation mit einer ganz bestimmten Bewertung. Es gibt im wesentlichen 3 Quellen, aus denen wir unsere Maßstäbe für richtiges und falsches Verhalten beziehen:
1) von den Eltern und nahen Bezugspersonen, später auch von dem Lebenspartner
2) von der katholischen/evangelischen Kirche oder anderen religiösen Vereinigungen und
3) von der Gesellschaft.

1. Eltern und nahe Bezugspersonen
Die meisten Eltern wünschen sich „brave" Kinder, die sich nach ihren Vorstellungen verhalten. Außerdem wünschen sie sich, daß aus den Kindern erfolgreiche Erwachsene werden, die anerkannt werden, es zu etwas bringen und sich in die Gesellschaft einfügen. Mittel zur Erziehung sind u.a.:
a) Belohnung
   durch Materielles, durch die Erlaubnis bestimmter Handlungen: „Wenn du lieb bist, bekommst du ... darfst du ...", durch den Wegfall unangenehmer Konsequenzen: „Wenn du lieb bist, brauchst du nicht mehr ..."
b) Bestrafung
   durch negative Konsequenzen: „Wenn du nicht tust, dann kriegst du ...",
   durch den Wegfall positiver Konsequenzen: „Wenn du nicht lieb bist, bekommst du nicht mehr ..."
c) Schuldgefühle
   „Mami mag dich nicht mehr, wenn du ..." „Du machst mich traurig, wenn du ..." „Du bist schlecht, wenn du nicht

... befolgst, machst". Das Kind bekommt die Verantwortung für das Wohlergehen der Bezugspersonen auferlegt. Da es gerne gemocht werden möchte, wird es höchstwahrscheinlich alles tun, um brav zu sein, oder sich zumindest schlecht fühlen, wenn es zuwiderhandelt. Das Kind hat noch keine Möglichkeit, die Regeln der Eltern in Frage zu stellen und zu trennen zwischen ihrer Liebe und einem einzelnen Verhalten, was es zeigt. (Wie man dies macht, dazu werden wir später noch kommen). Es lernt, sich als guten Menschen anzusehen, wenn die Eltern es mögen, und als schlechten, wenn die Eltern es ablehnen.

„Meine Mutter liebt mich.
Ich fühle mich gut.
Ich fühle mich gut, weil sie mich liebt.

Ich bin gut, weil ich mich gut fühle.
Ich fühle mich gut, weil ich gut bin.
Meine Mutter liebt mich, weil ich gut bin.

Meine Mutter liebt mich nicht.
Ich fühle mich schlecht.
Ich fühle mich schlecht, weil sie mich nicht liebt.
Ich bin schlecht, weil ich mich schlecht fühle.
Ich fühle mich schlecht, weil ich schlecht bin.
Ich bin schlecht, weil sie mich nicht liebt.
Sie liebt mich nicht, weil ich schlecht bin."

aus: Ronald Laing: Knoten, Reinbeck 1972 Rowohlt

2. Kirchliche Einrichtungen

Jede kirchliche Einrichtung hat Gebote und Vorschriften erlassen, nach denen die Mitglieder sich verhalten sollen. Sind die Gebote formuliert, um Menschen dabei zu helfen, besser miteinander zusammenzuleben und sich wohlzufühlen, ist nichts dagegen einzuwenden. Doch häufig werden Mitglieder kirchlicher Organisationen sogar seelisch krank, weil sie es nicht schaffen, sich an die Gebote zu halten. Die 10 Gebote beispielsweise sind kaum von einem menschlichen Wesen vollständig immer und überall zu erfüllen. Vielfach sind die Gebote nicht einsichtig oder passen nicht mehr in die heutige Zeit (beispielsweise das Verbot bestimmter Empfängnisverhütungsmethoden oder das Zölibat). Viele gläubige Menschen leben zwar nach den Geboten der Kirche, aber nur weil es Gott von ihnen verlangt - nicht, weil sie sie bejahen. Der Motor, der dahintersteht, ist die Angst vor Bestrafung im diesseitigen oder jenseitigen Leben. Andere leben im Widerspruch zu den Geboten, aber plagen sich mit permanenten Schuldgefühlen herum. Für sie besteht die Gefahr, depressiv zu werden oder eine Suchtmittelabhängigkeit zu entwickeln.

3. Gesellschaft

• Schule: Auch Lehrer sind einflußreiche Vermittler von Schuldgefühlen. Vielleicht erinnern Sie sich auch an solch peinliche Situationen, als Sie an der Tafel die Rechenaufgaben nicht herausbekamen und der Lehrer Ihnen mitteilte: „Das müßtest du aber jetzt wissen". Der Hinweis auf die Enttäuschung der Eltern oder die Androhung, die Eltern über schlechte Leistungen oder mangelnde Mitarbeit zu informieren, hat sicher auch bei Ihnen genügt, um Schuldgefühle hervorzurufen. Wie wir mit Fehlern und Mißerfolgen umgehen, auch das haben wir in der Schule mitbekommen. Aus der Sicht vieler Lehrer sollen uns Schuldgefühle zum Lernen und konzentrierten Arbeiten motivieren.

• Gesetze: Unser Staat hat für alle Lebensbereiche Gesetzesvorschriften formuliert: zur Ehe, zur Kindererziehung, zum Umweltschutz, zum Straßenverkehr, zum Umgang mit anderen Menschen, zur Anwendung von Gewalt in der Partnerschaft, zum Schwangerschaftsabbruch, zur Homosexualität, zur Abgabepflicht für Steuern, zur Meldepflicht, zur Eigentumswahrung, zum Verhalten am Arbeitsplatz usw. Für das Zusammenleben in einer Gesellschaft sind Gesetze notwendig und erforderlich. Sie sind die Grundlage, nach der sich alle

Mitglieder der Gesellschaft orientieren sollen. Der Staat versucht, uns durch die Androhung von Strafen zur Einhaltung seiner Gesetze zu bewegen. Verhalten wir uns wider die Gesetze, so müssen wir mit Konsequenzen rechnen, die von finanziellen Strafen, bis hin zu vorübergehendem oder lebenslänglichem Freiheitsentzug reichen. Daneben erwartet der Staat auch, daß wir die Schuld einsehen, Reue zeigen und uns bessern. Die Gesetze des Staates sind nicht unumstößlich, sondern werden immer wieder neu formuliert, d.h. was zu manchen Zeiten als Fehlverhalten verurteilt wurde, kann zu anderen Zeiten als angemessen und richtig definiert werden (z.B. Scheidung, Homosexualität, Zusammenleben vor der Ehe).

• Werbung/Medien: Ein immer gewichtigerer Verursacher von Schuldgefühlen ist die Werbung. Sie ist quasi auf unsere Empfänglichkeit für Schuldgefühle angewiesen. Nicht immer setzt die Werbung so offen auf Schuldgefühle wie bei dem Weichspüler und dem sprechenden schlechten Gewissen. Es genügen dafür auch subtile Andeutungen. Wer will denn keine gute Mutter oder attraktive Ehefrau sein? Wer will denn andere durch seinen Mundgeruch belästigen, schuld an dem frühen Herztod seines Partners sein, weil er nicht die gesunde Margarine zum Frühstück serviert, oder aber durch das falsche Waschmittel Allergien bei den Kindern erzeugen? Wer will seine Kinder in Lebensgefahr bringen, weil er noch keinen Airbag für sein Auto hat, oder den Kindern kein Spiel im eigenen Garten ermöglicht? Überhaupt - so will es uns die Werbung weismachen - brauchen Kinder Markenprodukte und das Beste vom Besten, um glücklich zu sein.

Selbst unser Hund oder unsere Katze scheint in der Lage zu sein, Schuldgefühle zu erzeugen, weil wir nicht eines der köstlichen Katzen- oder Hundefutter in den Napf streuen. Die Werbung suggeriert uns, daß wir unsere Schuldgefühle vermeiden können, wenn wir nur die entsprechenden Produkte kaufen. Dann werden wir von unserer Umwelt gemocht werden und uns selbst auch glücklich fühlen.

• Kulturelle Normen: Jede Gesellschaft entwickelt ihre eigenen Vorstellungen davon, was als normal anzusehen ist. Beispielsweise gibt es Vorstellungen, ob Frauen berufstätig sein dürfen, ob Männer und Frauen fremdgehen dürfen, ob ein Mann mehrere Frauen haben darf, wie sich Männer und Frauen kleiden, wie und wie lange man um einen Toten trauert, ob Frauen Kinder bekommen sollen, ob sich Partner trennen, in der Öffentlichkeit küssen dürfen usw. In der Gesellschaft gibt es darüber hinaus wieder einzelne Gruppierungen, die ihre eigenen Normen entwickeln. Die Gruppen der Rokker, Punker, Rechtsradikalen, der Autonomen, der Vegetarier, der Tierschützer, der Umweltschützer - sie alle haben für sich spezielle Normen formuliert. Und wenn eines der Mitglieder diesen zuwiderhandelt, obwohl es diese Normen für richtig hält, wird es höchstwahrscheinlich Schuldgefühle entwickeln.

Konflikte zwischen einzelnen Regeln

Haben wir den Vorsatz gefaßt, besonders gut sein und richtig handeln zu wollen, so wird es dann zur Unmöglichkeit, wenn die Regeln aus verschiedenen Bereichen miteinander kollidieren. So sollten wir beispielsweise zur Aidsverhütung Kondome benutzen, die katholische Kirche lehnt diese aber als „Werkzeuge des Teufels" ab. Um die Bevölkerungsexplosion nicht voranzutreiben, wird vom Staat der Einsatz der Pille propagiert, die Kirche lehnt die Empfängnisverhütung ab. Homosexuelle Beziehungen und Ehescheidungen sind heutzutage von unserem Staat erlaubt, die katholische Kirche bezeichnet sie als schlimme Abirrung und schweren Verstoß gegen das natürliche Sittengesetz.

In unserer kapitalistischen Gesellschaft gilt derjenige mehr, der sich mehr leisten kann, die Kirche betrachtet Luxus und Verschwendung als Todsünde. In unserem Staat ist die Scheidung und Wiederverheiratung erlaubt, Wiederverheiratete werden jedoch von der Kirche von der Kommunion ausgeschlossen. Es gibt sogar widersprüchliche Regeln aus ein und demselben Bereich. Beispielsweise will der Staat, daß Frauen berufstätig, aber auch für die Kindererziehung zuständig sind. Gleichzeitig erschwert er es den Frauen, diese Regeln zu erfüllen, indem er nur ungenügend für Kindergarten- und Hortplätze sorgt. Viele Frauen bringen sich an den Rand der Erschöpfung, wenn sie von sich den hundertprozentigen Einsatz als Mutter und Berufstätige fordern.

Meist können wir nur eine Regel befolgen und müssen uns entscheiden, was für uns die höchste Priorität hat. Gleichgültig wie wir uns entscheiden, laufen wir dann Gefahr, uns des Verstoßes gegen die andere Regel für schuldig zu fühlen.

2.
Vor- und Nachteile von Schuldgefühlen

Wenn wir uns selbst Schuldgefühle erzeugen, dann haben wir sowohl Vor- als auch Nachteile davon. Schuldgefühle erfüllen für uns eine wichtige Funktion, sind uns jedoch wiederum auch so unangenehm, daß wir versuchen, sie abzuwehren. Andere Menschen versuchen, uns ein schlechtes Gewissen einzureden. Auch wir nutzen die Schuldgefühle, um uns Vorteile bei anderen Menschen zu verschaffen. In diesem Kapitel wollen wir uns deshalb eingehender mit den Vor- und Nachteilen von Schuldgefühlen für uns und unsere Umwelt beschäftigen.

Was gewinnen a n d e r e durch unsere Schuldgefühle?

Bisher haben wir uns damit befaßt, daß wir für unsere Schuldgefühle selbst verantwortlich sind, aber daß andere Menschen darauf aus sind, uns Schuldgefühle zu machen. Es muß doch irgendein Grund dahinterstecken, weshalb es sich für andere lohnt, uns Schuldgefühle einreden zu wollen?

Nun, wie ist das bei Ihnen, wenn Sie sich schuldig fühlen? Verhalten Sie sich dann anders als ohne Schuldgefühle? Wenn ich mich schuldig fühle, bemühe ich mich, besonders nett zu sein, bitte um Verzeihung, gehe eher auf einen Kompromiß oder die Wünsche des anderen ein. Ich fühle mich geschwächt, glaube mich nicht mehr wehren zu dürfen. Ein manches Mal gehe ich auch dem Menschen aus dem Weg, gegenüber dem ich mich schuldig fühle. Ich fühle mich unwohl in meiner Haut und hoffe, daß er mir nicht mehr begegnet und mich auf meinen Fehler anspricht. Insgesamt gesehen machen mich meine Schuldgefühle unfrei und leichter manipulierbar.

Sicher gibt es auch andere Reaktionsweisen. Da gibt es diejenigen, die aggressiv werden und mit Vorwürfen zurückschießen. Aber auch dies ist lediglich eine Reaktion, ein Akt der Unfreiwilligkeit.

Und das ist wohl auch das Ziel anderer Menschen, wenn sie uns Schuldgefühle einreden. Sie wollen uns manipulieren, uns gefügig machen, unser Selbstwertgefühl angreifen. Sie wollen, daß wir nicht tun, was wir gerne tun würden, oder tun, was wir sonst nicht tun würden. Sie wollen uns weismachen, daß wir schlecht sind, weil wir deren Wünsche nicht erfüllen, und verantwortlich für ihre Gefühle sind. („Wenn du mich lieben würdest, dann würdest du ...!")

Und sie wollen sogar unser zukünftiges Verhalten steuern. Wenn wir wissen, daß sich der andere schlecht fühlen wird, und wir nicht möchten, daß er dies tut, dann werden wir uns möglicherweise erst gar nicht mehr nach unseren Wünschen verhalten. Aber der Schuß kann durchaus auch nach hinten losgehen. Schuldgefühle können dazu führen, daß wir Entscheidungen verheimlichen, die Unwahrheit sagen und nicht zu unserem Verhalten stehen. Das ist sicher nicht im Sinne derjenigen, die uns Schuldgefühle erzeugen wollen, es ist eine Schutzreaktion unsererseits. Über den Einfluß der Werbung haben wir in diesem Zusammenhang schon gesprochen. Sie rechnet damit, daß wir alle gute Menschen sein wollen und um Anerkennung ringen. Sie will uns zum Kauf animieren, uns einreden, daß sie nur unser Bestes will.

Weitere Tricks der Werbung, um uns Schuldgefühle zu machen sind:
- kleine Werbegeschenke („Ich habe etwas bekommen, also muß ich auch etwas kaufen.")
- besonders bemühte und nette Bedienung („Sie hat sich ja

so bemüht, da kann ich nicht einfach aus dem Laden gehen.")
- Hinweis, daß es einem guten Zweck zugutekommt („Wenn
  ich mich nicht beteilige, bin ich herzlos.")
- wiederholte Zusendung eines Katalogs („Jetzt habe ich so
  oft nichts gekauft, jetzt muß ich doch auch wieder einmal
  etwas kaufen")

Wenn wir der Werbung auf den Leim gehen, dann kaufen
wir ihre Produkte, nicht weil wir sie wirklich brauchen und sie
wollen, sondern weil wir uns schuldig fühlen. Wir kaufen uns
von unserer Schuld frei.

Wichtig ist, uns an dieser Stelle in Erinnerung zu rufen,
daß andere uns keine Schuldgefühle machen können. Unsere
Schuldgefühle werden einzig und allein durch unsere Selbstgespräche verursacht.

Was gewinnen w i r durch Schuldgefühle?

Unsere Schuldgefühle müssen für uns auch Vorteile gebracht
haben, denn sonst hätten wir es bereits aufgegeben, uns mit
Schuldgefühlen zu malträtieren. Alles, was wir Menschen tun,
tun wir aus Hoffnung auf etwas Positives oder aus Furcht vor
etwas Negativem. Worauf hoffen wir, wenn wir uns Schuldgefühle machen? Was ist unser Gewinn?
- Wenn wir uns Vorwürfe machen, was wir früher alles hätten anders machen können, brauchen wir uns nicht um ge-
  genwärtige Probleme kümmern.
- Wir brauchen nicht daran zu arbeiten, uns zu vergeben.
- Wir hoffen darauf, uns von unseren Fehlern reinzuwa-
  schen, indem wir uns deswegen intensive Schuldgefühle
  machen.
- Wir erhalten möglicherweise von anderen trotz unseres
  Vergehens noch Zuwendung, denn wir haben ja Schuldgefühle und es geht uns schlecht.

- Wir können unser fehlerhaftes Verhalten weiterhin zeigen, denn wir bestrafen uns jedes Mal mit Schuldgefühlen. Schuldgefühle sind eine Art Alibi und Entschuldigung. „Ich weiß ja, daß es falsch war. Ich mache mir ja selbst schon die größten Vorwürfe".
- Wir bekommen Mitleid von anderen, weil es uns so schlecht geht.
- Wir beweisen uns, moralische und gute Menschen zu sein.
- Wir können uns in Selbstmitleid ergehen.
- Wir bestätigen damit unser negatives Bild, ein schlechter Mensch zu sein.
- Wir brauchen nicht offen zu unseren Gedanken und Gefühlen Stellung beziehen und möglicherweise Konflikte riskieren.
- Wir brauchen nicht unsere eigenen Regeln und Normen zu entwickeln, sondern orientieren uns an den in der Kindheit erlernten und von anderen formulierten Regeln.

Wie schaden wir uns durch Schuldgefühle?

Sie haben sich sicher nicht ohne Grund dieses Buch gekauft und sich mit mir an die Erforschung von Schuldgefühlen gemacht. Sie spüren wahrscheinlich irgendwelche unangenehmen oder gar quälenden Auswirkungen Ihrer Schuldgefühle. Vielleicht finden Sie diese in der folgenden Auflistung:

- Schuldgefühle machen uns „klein", beeinträchtigen unser Selbstbewußtsein.
- Schuldgefühle rauben uns Energie, uns mit der Gegenwart zu beschäftigen.
- Schuldgefühle machen uns bereit für die Sündenbockrolle.
- Schuldgefühle machen uns manipulierbar.
- Schuldgefühle tragen zu Depressionen und psychosomatischen Beschwerden bei.
- Schuldgefühle führen dazu, daß wir sie nach außen hin

verstecken und Fehler nicht zugeben können.

- Schuldgefühle machen uns empfänglich für Kritik.
- Schuldgefühle führen dazu, daß wir die Schuld auf andere schieben.
- Schuldgefühle führen dazu, daß wir andere hart kritisieren.
- Schuldgefühle führen zu Suchtmittelabhängigkeiten.
- Schuldgefühle führen dazu, daß wir überhaupt leugnen, einen Fehler begangen zu haben.
- Schuldgefühle führen dazu, daß wir in Zukunft jegliches Risiko zu vermeiden versuchen.
- Schuldgefühle machen uns bereit, uns auch in Zukunft wieder fehlerhaft zu verhalten, da wir unsere Fehler nicht analysieren oder generell davon überzeugt sind, schlecht zu sein.

Dies ist eine mehr oder weniger vollständige Auflistung möglicher negativer Folgen von Schuldgefühlen. Schauen Sie noch einmal bei sich nach, wie Sie sich ohne Schuldgefühle anders verhalten würden.

Wie gehen wir mit unseren Schuldgefühlen um?

Schuldgefühle, sofern wir sie bewußt wahrnehmen, gehören zu den unangenehmen Gefühlen. Deshalb hat jeder von uns im Laufe seines Lebens auch mehr oder weniger wirksame Strategien entwickelt, mit ihnen umzugehen.

1. Strategie: *„Ich habe es verdient, daß ich mich schlecht fühle."*

Manche betrachten Schuldgefühle als gerechte Strafe. Sie sind der Meinung: „Wer sich so verhält wie ich, der muß Schuldgefühle bekommen. Schuldgefühle beweisen, daß ich ein moralischer Mensch bin." Sie gehen sogar so weit, daß sie sich ihr Leben lang mit Schuldgefühlen geißeln, weil sie glauben, eine unverzeihliche Tat begangen zu haben.

Vorteil: Sie glauben, damit zu beweisen, dennoch ein guter Mensch zu sein.

Nachteil: Sie fühlen sich schlecht, bekommen möglicherweise psychosomatische Erkrankungen, sind in ihrer Lebensqualität eingeschränkt, verbieten sich lustvolle Aktivitäten.

2. Strategie: *„Ich fühle mich schuldig, also bin ich schlecht."*

Sie glauben: „Wer sich schuldig fühlt, muß ein schlechter Mensch sein". Sie laufen durch ihr Leben mit einem geringen Selbstbewußtsein, wagen nicht, eigene Wünsche anzumelden oder unberechtigte Forderungen abzuwehren. Sie entschuldigen sich für ihr Verhalten und für ihre Existenz. Sie haben Angst, im Mittelpunkt zu stehen, können keine Komplimente annehmen und nicht auf andere zugehen. Sie ziehen sich zurück, trauen sich nichts zu, riskieren nichts mehr, haben Angst vor Entscheidungen aus Angst vor neuen Schuldgefühlen.

Vorteil: Manchmal erhalten sie Mitleid von den anderen.

Nachteil: Sie lähmen sich in ihren Fähigkeiten und nutzen nicht die Chancen, die ihnen das Leben bietet. Sie fühlen sich minderwertig. Depressionen und psychosomatische Beschwerden entstehen. Andere Menschen werden aus Scham nicht ins Vertrauen gezogen. Ihr unterwürfiges Verhalten hat auch Auswirkungen auf die Reaktion anderer Menschen. Sie werden leicht zum Sündenbock gemacht und ausgenutzt, ein Opfer, das sich nicht wehrt.

3. Strategie: *„Ich war es nicht, also brauche ich auch keine Schuldgefühle zu haben."*

Manche versuchen, ihre Schuld zu verleugnen. Sie rechtfertigen sich vor sich selbst. Sie stellen sich als Opfer der Umstände dar. „Ich war es nicht. Wenn die Umstände nicht ..., dann hätte ich nicht ..." .

Vorteil: Sie fühlen sich kurzfristig erleichtert, die Schuldgefühle lassen nach.

Nachteil: Sie nehmen sich damit die Chance, neues Verhalten zu lernen und Fehler zu korrigieren. Sie bearbeiten die Ursachen ihrer Schuldgefühle nicht. Sie müssen ständig auf der Hut sein, daß niemand ihren Fehler entdeckt und sie darauf anspricht. Sie verbrauchen Energie, sich nicht mit dem Thema zu befassen.

4. Strategie: *„Ich war es nicht. Der andere ist schuld."*

Manche gehen zum Gegenangriff über. „Der andere hätte ..., dann wäre nicht ..." „Der andere hat angefangen". „Die Eltern hätten besser ..., dann wäre ich jetzt nicht ..." Sie machen anderen Vorwürfe und schieben diesen die Schuld zu.

Vorteil: Sie fühlen sich kurzfristig erleichtert, die Schuldgefühle lassen nach.

Nachteil: Sie fühlen sich ärgerlich und voller Spannung. Es entstehen Konflikte mit anderen, die Beziehungen zu anderen leiden. Fehler können nicht korrigiert werden.

5. Strategie: *„Ich kann die Schuldgefühle nicht ertragen."*

Manche versuchen, die Schuldgefühle hinunterzuschlucken, indem sie zu viel Alkohol trinken, sich in Arbeit oder Aktivitäten stürzen, zu viel essen, Beruhigungstabletten oder Drogen einnehmen.

Vorteil: Sie fühlen sich kurzfristig erleichtert, die Schuldgefühle lassen nach.

Nachteil: Die Ursachen der Schuldgefühle werden nicht bearbeitet, Fehler und Fehleinschätzungen nicht korrigiert. Der Körper wird in Mitleidenschaft gezogen. Es besteht die Gefahr einer Suchtmittelabhängigkeit. Arbeitsplatz und Beziehungen sind gefährdet.

6. Strategie: *„Immer alles auf mich."*

Manche reagieren ironisch: „Alles auf mich. Ich war's mal

wieder. Ich bin immer der Schuldige."

Sie stellen sich zwar als Opfer dar, doch bezweifeln es innerlich.

Vorteil: Durch das übertriebene Schuldbekenntnis nimmt man sich und andere nicht ernst.

Nachteil: Eine Diskussion über die Ursachen ist nicht möglich.

7. Strategie: *„Andere haben auch schuld."*

Manche versuchen, ihre Schuldgefühle zu verringern, indem sie ihren Blick auf andere lenken. Sie trösten sich damit: „Andere sind auch nicht besser". Sie wollen damit das Ausmaß ihrer Schuld reduzieren.

Vorteil: Schuldgefühle werden reduziert.

Nachteil: Eine realistische Einschätzung des Fehlers ist nicht möglich.

8. Strategie: *„Andere sind noch schlimmer."*

Manche suchen bei den anderen nach Beweisen, daß deren Fehlverhalten noch schlimmer ist.

Vorteil: Schuldgefühle werden reduziert.

Nachteil: Eine realistische Einschätzung des Fehlers ist nicht möglich. Möglicherweise vergleicht man sich mit Menschen, die ansonsten überhaupt nicht den eigenen Wertvorstellungen entsprechen.

9. Strategie: *„So schlimm ist es doch gar nicht."*

Manche mindern die Schuld herab oder deuten sie um.

Vorteil: Schuldgefühle werden reduziert.

Nachteil: Das Verhalten kann nicht richtig in seinem Ausmaß eingeschätzt und korrigiert werden.

10. Strategie: *„Das Ereignis hat überhaupt nicht stattgefunden und deshalb trifft mich auch keine Schuld."*

Manche verleugnen generell ihr Verhalten.

Vorteil: Schuldgefühle werden reduziert.

Nachteil: Das Verhalten kann nicht richtig in seinem Ausmaß eingeschätzt und korrigiert werden.

Sie haben sicher gemerkt, daß sich meine Auflistung auf Strategien beschränkt, die nicht oder nur teilweise hilfreich sind. Angemessene und hilfreiche Strategien zeichnen sich dadurch aus, daß sie sich an den Tatsachen orientieren, d.h. den Einfluß unseres Verhaltens weder verleugnen, noch unter- oder überschätzen, daß wir unsere eigene Verantwortung sehen, uns aber nicht für Unkontrollierbares verantwortlich sehen, daß wir keine übertriebenen Schlußfolgerungen ziehen. In Teil II des Buches werden wir zusammen an diesen Strategien arbeiten.

Sicher haben Sie selbst auch schon einige der oben aufgeführten Strategien eingesetzt. Manchmal nutzen wir zuerst die eine, dann die andere Strategie. Oder aber wir setzen in unterschiedlichen Bereichen unterschiedliche Strategien ein. Beispielsweise ziehen wir uns am Arbeitsplatz jeden Schuh an, während wir in der Partnerschaft vehement unsere Fehler abstreiten. Gemeinsam ist diesen Strategien, daß wir uns nicht mit den die Schuldgefühle erzeugenden Einstellungen befassen und diese korrigieren. Außerdem überprüfen wir nicht, ob unsere Schlußfolgerungen der Situation angemessen oder ob sie übertrieben sind. Wir schieben entweder die Schuld auf andere oder verurteilen unsere gesamte Person. Wir trennen nicht zwischen einem Verhalten, das wir gezeigt haben, und unserer Person.

Wie versuchen wir bei anderen Menschen Schuldgefühle zu erzeugen?

Sie haben richtig gelesen. Auch wir sind nicht nur Opfer. Die

Technik der Schuldgefühle-Erzeugung setzt jeder Mensch bisweilen ein. Zum einen hängt das damit zusammen, daß wir das, was wir in der Kindheit von anderen vorgelebt bekommen haben, meist automatisch als Erwachsene auch anwenden. Zum anderen haben wir auch die Vorteile der Schulderzeugung entdeckt. Und warum sollten wir nicht auch diese Techniken einsetzen, wenn sie gut funktionieren? Vorwürfe wie „Wie konntest du mich nur belügen", „Von dir hätte ich das am allerwenigsten erwartet", „Du hast mich verletzt", „Die ganze Zeit habe ich auf dich gewartet", „Mir wäre das nicht passiert", „So unfair, wie du dich mir gegenüber verhälst", „Wenn man sich liebt, dann macht man das nicht ...", Wenn du mich lieben würdest, hättest du ...", „Na ja, dann mach ich es eben selbst ...", „Ich hatte mich so gefreut, aber wenn es halt nicht geht ...", „Muß das denn sein?", sind Ihnen sicher auch schon über die Lippen gekommen.

Wir setzen die Technik der Schuldgefühle-Erzeugung meist dann ein, wenn wir uns verletzt fühlen und es „dem anderen heimzahlen" wollen - als Rache oder Bestrafung. Uns treibt die Hoffnung, daß der andere sich ändert, weil er sich schlecht fühlt. Häufig verwenden wir dabei das Wörtchen „man": „Man tut ... nicht oder man tut ...", um uns quasi noch Rückendeckung von der Allgemeinheit zu holen. Wir tun so, als ob wir allgemeingültige Regeln vertreten, in Wirklichkeit sind es meist jedoch nur unsere eigenen.

Schuldgefühle können in einer Partnerschaft oder Freundschaft eingesetzt werden, um den Partner oder Freund gefügig zu machen und um uns durchzusetzen. Die gebräuchlichsten Strategien sind:

- den anderen an seine Verpflichtung innerhalb der Beziehung zu erinnern: „Du hattest mir doch versprochen, daß ..."

- den anderen erinnern, daß man wegen ihm ein Opfer bringen muß: „Wenn du es nicht machst, muß ich halt auf meinen Feierabend verzichten."

- dem anderen klarmachen, daß man selbst mehr für die Beziehung tut: „Ich habe jetzt schon viermal eingekauft und du hast dich noch kein einziges Mal darum gekümmert."
- den anderen auf Widersprüche zwischen Vorsatz und Verhalten hinweisen: „Du rauchst ja schon wieder. Ich dachte, du wolltest aufhören."
- die Gefühle des anderen in Frage stellen: „Wenn du mich liebtest, dann würdest du ..."
- nonverbal Leiden und Kränkung signalisieren durch Trotzen, nicht sprechen, leidende Blicke, Stöhnen.
- nach Jahren noch an vergangene „Untaten" erinnern „Weißt du noch, damals ... Das kann ich dir nie verzeihen."
- mit anderen vergleichen: „Der Mann meiner Freundin macht doch auch ..."
- auf die schlechte Meinung anderer verweisen: „Was würden deine Eltern nur von dir denken."
- den Märtyrer spielen, indem man sich aufopfert und versucht, den anderen in Zugzwang zu bringen: „So viel wie ich für dich tue, da mußt du doch wenigstens ..."

Wenn wir Glück haben, läßt sich der andere zumindest äußerlich durch unser „Schuld-Programm" manipulieren. Meist brodelt jedoch in seinem Innern der Widerstand. Er fühlt sich eingeengt, unter Druck gesetzt. Scheinbar hat er nur zwei schlechte Alternativen zur Verfügung:

1. Er richtet sich nach unseren Vorstellungen und hat den Eindruck, gezwungen zu sein.
2. Er richtet sich nach seinen Wünschen und hat Schuldgefühle.

Langfristig können Schuldgefühle eine Beziehung gehörig belasten oder sogar zur Beendigung der Beziehung führen. Der Partner hat es satt, sich in seiner Freiheit ständig beschnitten zu sehen und ständig mit schlechtem Gewissen umherlaufen zu müssen.

Entscheiden wir uns für die Märtyrerrolle, indem wir unsere Wünsche zurückstellen und alles für den Partner tun, in der Hoffnung, es komme eines Tages an uns zurück, befinden wir uns meist in auswegloser Position: Unsere Interessen werden nicht umgesetzt und wir bekommen nichts zurück. Die Manipulation durch Schuldgefühle ist keine hilfreiche Strategie im Umgang mit anderen Menschen.

3.
Innere Blockaden, die den Abbau unserer Schuldgefühle behindern

Wenn Schuldgefühle einzig und allein durch unsere Denkgewohnheiten entstehen, dann müßten wir doch ganz einfach unsere Denkgewohnheiten ändern und damit unsere Schuldgefühle abbauen können? Das klingt folgerichtig, funktioniert auch so, wir müssen jedoch mit einer inneren Gegenwehr rechnen. Wir Menschen sind Gewohnheitstiere und kämpfen darum, unsere Gewohnheiten, bereits fest installierte Vorstellungen und Vorurteile zu wahren. In diesem Kapitel wollen wir uns nun diesen inneren Gegenstimmen widmen. Sind Sie bereit?

Gibt es berechtigte Schuldgefühle?

„Gibt es nicht auch berechtigte Schuldgefühle?", fragen mich viele meiner Klienten. Würde ich hierzu cinc klcinc Umfragc starten, so bekäme ich sicher die Antwort: „Ja, es gibt berechtigte Schuldgefühle". Damit ist gemeint, daß es Verhaltensweisen gibt, wegen derer man sich einfach schuldig fühlen muß. Wahrscheinlich stimmen Sie dieser Meinung auch zu und warten nun darauf, daß ich Sie darin bestätige.

Wir sind nun an einem schwierigen Punkt angekommen, wo wir beide unterschiedliche Sichtweisen haben. Geben Sie mir die Chance, Ihnen meine Sichtweise darzulegen.

Schuldgefühle sind von uns selbst erzeugt. Sie entstehen,

wenn wir unseren inneren, von uns akzeptierten Normen zuwiderhandeln und uns dafür verurteilen. Sie entstehen nicht zwangsläufig, weil wir uns in einer bestimmten Art und Weise verhalten. Ganz extrem gesprochen: Ein Mörder wird nur dann Schuldgefühle verspüren, wenn er glaubt, etwas Unrechtes getan zu haben, und sich deshalb verurteilt. Wenn wir über berechtigte oder unberechtigte Schuldgefühle diskutieren, dann müssen wir uns erst darüber einig werden, welche Normen wir zugrundelegen. Immer wieder haben sich Philosophen und Kirchenvertreter darum bemüht, allgemeingültige moralische Werte zu formulieren. Doch selbst die Kirche widerspricht ihren Regeln und mißt mit zweierlei Maß. Kriege und Töten im Namen der Kirche sind beispielsweise geduldet. Wenn ein Priester eine Frau schwängert, ist es erlaubt, abzutreiben, etc. Es gibt keine allgemeingültigen Normen, nicht für eine Gesellschaft und schon gar nicht für alle Zeiten. Wonach sollen wir also beurteilen, wann ein Verhalten falsch ist und wann Schuldgefühle berechtigt sind?

Schuldgefühle sind immer dann berechtigt, d.h. wir müssen sie immer dann verspüren, wenn wir glauben, etwas falsch gemacht zu haben, und uns dafür verurteilen. Sie spiegeln unsere ganz persönliche Meinung wider. Sicher gehen in die persönliche Meinung auch gesellschaftliche oder religiöse Vorstellungen mitein. Doch sind wir es, die diesen Vorstellungen zustimmen. Wenn wir der Meinung sind, ein anderer Mensch sollte wegen seines Verhaltens Schuldgefühle haben, so muß dieser noch lange keine empfinden. Auch wenn wir sie für berechtigt halten, entscheidet dieser allein, nach welchen moralischen Werten er lebt und sich beurteilt.

Ich möchte die Frage „Gibt es berechtigte Schuldgefühle?" umformulieren in die Frage „Sind Schuldgefühle sinnvoll?" Auch hier sind wir möglicherweise unterschiedlicher Ansicht. Ich halte Schuldgefühle für überflüssig und schädlich. Meine Begründung sieht folgendermaßen aus:
• Schuldgefühle machen unser ungeschicktes, fehlerhaftes

Verhalten nicht ungeschehen.

- Schuldgefühle führen nicht zwangsläufig dazu, daß wir unser Verhalten korrigieren.
- Um uns für einen Fehler zu entschuldigen oder diesen zu korrigieren, brauchen wir keine Schuldgefühle und keine Selbstverurteilung. Es genügt, wenn wir den Fehler eingestehen, bereuen und uns Verbesserungsmöglichkeiten überlegen.
- Schuldgefühle helfen niemandem, aber schaden der eigenen Person, unserem seelischen und körperlichen Wohlbefinden.
- Schuldgefühle machen aus uns keinen besseren oder moralischen Menschen.
- Schuldgefühle helfen uns nicht, Verbotenes oder Schlechtes in der Zukunft zu unterlassen. Schuldgefühle, die wir im vorhinein haben, weil wir uns vorstellen, etwas „Verbotenes" zu tun, sind überflüssig. Wenn ich etwas tue, was ich nicht für richtig halte, dann tue ich es im vollen Bewußtsein, im Unrecht zu sein. Welchen Sinn hat es dann, sich Schuldgefühle zu machen?
- Schuldgefühle helfen uns nicht, in Zukunft Fehler zu vermeiden.
- Wenn wir uns falsch verhalten, ohne uns dessen bewußt zu sein, helfen Schuldgefühle ebenfalls nicht, unser Verhalten ungeschehen zu machen. Sie führen dann lediglich dazu, daß wir uns doppelt damit bestrafen. Wir werden dann bestraft durch die Konsequenzen unseres Verhaltens und durch die Schuldgefühle.
- Schuldgefühle dienen lediglich als Entschuldigung und als Alibi, wenn wir mit dem Wissen, „Unrechtes" zu tun, weiterhin „Unrechtes" tun.

Was nützt es einem Bettler, wenn Sie ihm nichts geben, sich aber Schuldgefühle machen? Was nützen Ihnen Schuldgefühle, wenn Sie sich nicht an Ihre Diätpläne halten? Was haben Ihre Eltern davon, wenn Sie sich immer wieder sagen: „Eigentlich müßte ich mich mehr um sie (die Eltern) kümmern", aber es nicht tun? Hilft es Ihrem Kind, wenn Sie sich vorwerfen, daß Sie ihm keine Ohrfeige hätten geben sollen?

Menschen, die sich bewußt „falsch" verhalten, hören in der Regel nicht auf, das Unrecht zu wiederholen - nur daß sie es vielleicht mit einem schlechten Gewissen tun. Allein das schlechte Gewissen ist keine Gewähr, daß wir uns in Zukunft besser verhalten. Selbst wenn wir es uns ganz fest vornehmen, müssen wir daran arbeiten, um uns neue Verhaltensweisen anzugewöhnen.

Den Menschen, die im nachhinein erst feststellen, daß sie sich falsch verhalten haben, helfen Schuldgefühle auch nicht. Sie sind eine überflüssige, sinnlose Bestrafung. Sie konnten ihr Verhalten vorher nicht als falsch erkennen.

Wahrscheinlich haben Sie einigen meiner Argumente zustimmen können, doch es kommen Ihnen noch einige „Ja, aber ..."-Einwände in den Sinn. Ich hoffe, daß ich sie im folgenden Abschnitt entkräften kann.

Mythen zu den Schuldgefühlen

Wir alle haben in unserer Erziehung einige grundsätzliche Vorstellungen bezüglich der Schuldgefühle gelernt. Wann immer wir etwas über Schuldgefühle erfahren, das unseren erlernten Vorstellungen widerspricht, wird unser altes Programm sich wehren und Gegenargumente bringen. Schauen Sie sich einmal die folgende Liste an:

1. *„Wenn man keine Schuldgefühle hat, ist man ein unmoralischer, rücksichtsloser, herzloser, gefühlloser Mensch."*
2. *„Wenn man keine Schuldgefühle hat, ist man verantwortungslos."*
3. *„Nur böse Menschen haben keine Schuldgefühle."*
4. *„Wenn man falsch gehandelt hat, muß man sich schuldig fühlen."*

5. *„Schuldgefühle sind notwendig, um sein Verhalten zu verändern."*
6. *„Wenn ich keine Schuldgefühle mehr verspüre, werde ich verwahrlosen."*
7. *„Keine Schuldgefühle zu haben, bedeutet, alles gutzuheißen, was man tut."*
8. *„Wenn ich Schuldgefühle habe, dann muß ich etwas falsch gemacht haben."*

Sind Ihre Einwände dabei? Haben Sie sich dabei ertappt, gegen meine Ausführungen zu den Schuldgefühlen zu argumentieren? Dann ist dies eine ganz normale Reaktion. Und ich bin froh, daß Sie sich diese bewußt gemacht haben. Alle Einwände, die Ihnen beim Lesen dieses Buches kommen, sind wichtig und wir müssen sie sehr ernstnehmen. Sie halten Sie an Ihren gewohnten Einstellungen und Verhaltensweisen fest und behindern Sie an der Veränderung. Solange wir ihrer nicht habhaft werden, können sie Schaden anrichten. Lassen Sie uns nun zusammen einen Einwand nach dem anderen durchgehen und ihn auf seine Richtigkeit überprüfen. Wir wollen mit den Fragen: „Stimmt das wirklich, was wir uns erzählen?" „Wo ist der Beweis dafür?" an die Einwände herangehen.

1. *„Wenn man keine Schuldgefühle hat, ist man ein unmoralischer, rücksichtsloser, herzloser, gefühlloser Mensch."*

Nein, das stimmt nicht. Schuldgefühle können nichts beweisen. Sie sagen lediglich aus, daß wir eine Handlung als falsch ansehen und uns dafür verurteilen. Schuldgefühle münden auch nicht zwangsläufig in ein „besseres" Verhalten. Genausogut können wir uns bei der nächstbesten Gelegenheit wieder fehlerhaft verhalten. Moral macht sich nicht daran fest, ob wir uns verurteilen. Moralischen Grundsätzen zu folgen bedeutet, daß wir einen Wertmaßstab haben, wie wir mit Menschen und Dingen umgehen. Die moralischen Grundsätze müssen sich auch im Verhalten niederschlagen. Es genügt, daß wir diesem Wertmaßstab folgen, bzw. daß wir Reue zeigen und uns um Wiedergutmachung oder Besserung bemühen, wenn wir ihm zuwiderhandeln. Menschen, die keine Schuldgefühle haben, aber sich darum bemühen, sich und anderen Menschen nicht zu schaden, und ihre Fehler einsehen, haben Gefühle und ethische Grundsätze.

2. *„Wenn man keine Schuldgefühle hat, ist man verantwortungslos."*

Nein, das stimmt nicht. Schuldgefühle und Verantwortung sind zwei ganz unterschiedliche Dinge. Als gesunde Menschen sind wir für alles, was wir im Leben tun und sagen, verantwortlich. Wir müssen für die Konsequenzen unseres Handelns geradestehen. Wenn wir uns ungesund ernähren, müssen wir mit Krankheiten rechnen, wenn wir verkehrswidrig autofahren, müssen wir mit einem Strafzettel oder Punkten in der Flensburger Liste rechnen. Wenn wir stehlen, müssen wir mit einer Anzeige und Bestrafung rechnen. Die Verantwortung kann uns als erwachsene Menschen niemand abnehmen. Wenn wir uns Schuldgefühle machen, heißt dies noch lange nicht, daß wir auch Verantwortung übernehmen und gegebenenfalls etwas an unserem Verhalten verändern bzw. uns um Wiedergutmachung bemühen. Manche Menschen verleugnen Schuldgefühle, schieben die Schuld auf andere oder begnügen sich mit Schuldgefühlen, ohne eine Veränderung des Verhaltens folgen zu lassen.

Ein reifes verantwortungsvolles Handeln benötigt keine Inquisitionsmaßnahmen und Folterinstrumente wie Schuldgefühle. Ja, ich würde sogar sagen, daß man nur dann verantwortungsvoll handeln kann, wenn man sich nicht mit Schuldgefühlen geißelt. Es erfordert sehr viel mehr Stärke, sich und anderen seine Fehler einzugestehen, als sich dafür unauffällig und insgeheim zu bestrafen. Menschen, die sich Schuldgefühle machen, neigen dazu, ihre Fehler geheimzuhalten, da sie ihrer Meinung nach damit zeigen würden, was sie doch für schlechte und moralisch verkommene Subjekte sind.

3. *„Nur böse Menschen haben keine Schuldgefühle".*

Diese Einstellung ist falsch. Erstens gibt es keine Menschen, die grundlegend gut oder böse sind. Jeder Mensch macht Fehler und zeigt bisweilen Verhaltensweisen, die zum Nachteil anderer sind. Zweitens machen Schuldgefühle niemanden zu einem guten Menschen. Schuldgefühle zeigen nur, daß wir ein Verhalten als falsch ansehen und uns dafür verurteilen.

4. *„Wenn man falsch gehandelt hat, muß man sich schuldig fühlen."*

Nein, das stimmt nicht. Wenn wir ein Verhalten als falsch bewerten, dann genügt es, den Fehler einzugestehen und Reue zu zeigen. Schuldgefühle erzeugen in uns nur Druck, körperliche Beschwerden und negative Gefühle wie Wut, Angst oder Depression. Wir neigen dann dazu, die eigene Verantwortung zu überschätzen und den Einfluß anderer Faktoren zu unterschätzen. Manchmal verhindern Schuldgefühle sogar, daß wir unser Verhalten korrigieren oder daran arbeiten, es in Zukunft zu vermeiden.

5. *„Schuldgefühle sind notwendig, um sein Verhalten zu verändern."*

Nein, das stimmt nicht. Im Gegenteil, häufig verhindern sie, daß wir unser Verhalten ändern. Sie geben uns lediglich einen Hinweis, daß wir unseren Wertvorstellungen entgegengesetzt gehandelt haben und uns dafür verurteilen.

6. *„Wenn ich keine Schuldgefühle mehr verspüre, werde ich verwahrlosen."*

Nein, das stimmt nicht. Es gibt einen Mittelweg. Auf der einen Seite befinden sich Menschen, die keinen Maßstab von richtig und falsch haben, menschliches Leben mißachten und das Wohlbefinden und die Güter anderer gefährden. Diese machen sich keine Schuldgefühle zu den Verhaltensweisen, die Sie verurteilen. Auf der anderen Seite befinden sich die Menschen, die von sich Übermenschliches erwarten, sich für jeden Fehler vollkommen ablehnen, sich für alles verantwortlich fühlen und sich mit Schuldgefühlen quälen. Menschen, die sich in der Mitte der beiden Pole befinden, haben Wertvorstellungen von Gut und Böse, nach denen sie ihr Verhalten beurteilen. Was sie von den beiden Polen unterscheidet, ist, daß sie einem Fehler keine Selbstverurteilung folgen lassen.

Menschen, die Leben und Habe anderer mißachten und Verantwortung ablehnen	Menschen, die Wertmaßstäbe haben und sich nicht mit Schuldgefühlen geißeln	Menschen, die Wertmaßstäbe haben und sich bei Zuwiderhandlung als Mensch verurteilen; Menschen, die sich zu viel Verantwortung aufladen

7. *„Keine Schuldgefühle zu haben, bedeutet, alles gutzuheißen, was man tut."*

Nein, das stimmt nicht. Wenn wir keine Schuldgefühle haben, kann dies dennoch bedeuten, daß wir unser vergangenes Verhalten als falsch ansehen, uns dafür verantwortlich sehen, es bereuen, aber uns deshalb nicht ablehnen und nicht als bösen Menschen verurteilen. Es genügt, ein Verhalten als falsch zu bewerten, um es in der Zukunft zu unterlassen. Schuldgefühle sind keine Garantie, daß wir ein Verhalten ändern. Im Gegenteil, es gibt sogar Menschen, die Schuldgefühle als Alibi benutzen. Sie zeigen immer wieder ein schädliches Verhalten und entschuldigen sich und ihr Verhalten damit, sie hätten ja Schuldgefühle.

8. *„Wenn ich Schuldgefühle habe, dann muß ich etwas falsch gemacht haben."*

Nein, das stimmt nicht. Schuldgefühle sind das Resultat unserer Selbstgespräche und Bewertungen. Sie zeigen lediglich, daß wir uns entgegengesetzt unserer Normen und Erwartungen verhalten haben und uns dafür verdammen. Sie sind kein Beweis dafür, daß wir uns tatsächlich falsch verhalten haben. Viele Menschen sprechen sich z.B. für Ereignisse schuldig, die überhaupt nicht unter deren Kontrolle sind. Ihre Schuldgefühle sind irrational und schädlich.

Alle 8 Mythen wollen uns weismachen, daß wir unsere Schuldgefühle behalten sollten und es mit ihnen seine Richtigkeit habe. Sie müssen damit rechnen, daß diese Mythen sich Ihnen immer wieder in den Weg stellen. Insbesondere Mythos Nr. 8 „Wenn ich Schuldgefühle habe, dann muß ich doch etwas falsch gemacht haben" stellt eine gewaltige Hürde dar. Deshalb möchte ich auf diesen Mythos noch etwas ausführlicher eingehen.

Stellen wir uns einmal folgende Alltagssituation vor: Nehmen wir an, Sie sind zum Einkaufen in der Stadt. In einem der zahlreichen Schuhgeschäfte sehen Sie Ihre Traum-Schuhe. Die Schuhe haben ein ganz weiches Leder, passen in der Farbe hervorragend zu Ihrer Sommergarderobe, sitzen gut an Ihrem Fuß, aber sind Ihrer Meinung nach sündhaft teuer. Bereits zum dritten Mal laufen Sie am Geschäft vorbei, bis Sie sich schließlich einen Ruck geben und sich die Schuhe kaufen. Auf dem Nachhauseweg hadern Sie mit sich: „Hat das denn sein müssen! Wofür brauchst du so teure Schuhe? Wichtiger wäre doch für die Kinder was zum Anziehen gewesen. Außerdem hatten wir uns vorgenommen, für den Urlaub zu sparen. Wie konnte ich mir solch einen Luxus erlauben. In anderen Ländern fehlt es am nötigsten und ich lebe total verschwenderisch. Was bin ich doch egoistisch und herzlos".

Ihre Schuldgefühle entstehen folgendermaßen:

A: Situation: Was ist passiert?
Sie kaufen sich ein paar Schuhe für DM xx.

B: Bewertung: Wie bewerten Sie Ihr Verhalten und sich?
Sie bewerten sich als einen egoistischen und verschwenderischen Menschen, der seinen Kindern nichts zum Anziehen kauft, nicht für den Urlaub spart.

C: Gefühle und Verhalten: Wie fühlen und verhalten Sie
sich?
Sie fühlen sich schlecht, verderben sich die Freude an den
Schuhen.

Hier wird ganz deutlich sichtbar: Ihre Schuldgefühle sind
die Folge Ihrer negativen Bewertungen. Wie steht es nun damit: Müssen Sie sich schuldig fühlen? Beweisen Ihre Schuldgefühle, daß Sie etwas falsch gemacht haben?

Ja, Sie müssen sich schuldig fühlen, weil Sie glauben, der
Schuhkauf sei ein Fehler gewesen, und sich dafür verurteilen.
Doch haben Sie tatsächlich etwas falsch gemacht? Diese Frage können wir nur schwer beantworten. Ich kenne Ihre Ideale
und Werte nicht, nach denen Sie gerne leben möchten. Möglicherweise haben Sie sich innerlich eine Grenze gesetzt, wieviel Geld Sie für Ihre Kleidung ausgeben möchten. Diese haben Sie nun überschritten. Oder aber Sie haben sich vorgenommen, monatlich DM xx für eine bestimmte Organisation
zu spenden, und jetzt schaffen Sie dies in diesem Monat
nicht. Oder aber Sie sind in die Stadt gegangen, um für die
Kinder Sommerkleidung zu kaufen, und durch Ihren Schuhkauf ist nun bereits Ebbe in der Kasse. Dann haben Sie mit
Ihrem Schuhkauf tatsächlich einen Fehler gemacht. Die Frage, die sich nun stellt, ist: Müssen Sie sich deshalb als egoistischen verschwenderischen Menschen beschimpfen und verurteilen? Ist dies nicht eine übertriebene Schlußfolgerung? In Ih-

rem Kopf sehen Sie nur diese eine Situation, in der Sie sich etwas gegönnt haben. Vergessen Sie nicht die zahlreichen Situationen, in denen Sie Ihre Bedürfnisse zurückgestellt haben? Und selbst wenn Sie dieses eine Mal verschwenderisch und egoistisch gehandelt haben, was ist so schlimm daran? Haben Sie nicht auch einmal das Recht dazu? Ist denn dadurch jemand in Lebensgefahr geraten? Helfen Ihnen Ihre Schuldgefühle, die Haushaltskasse wieder zu füllen? Ist es denn sinnvoll, sich jetzt durch die Schuldgefühle die Freude an den neuen Schuhen zu verleiden?

Sie haben sich die Schuhe gekauft, weil Sie sich in dem Moment des Schuhkaufes wahrscheinlich vorgestellt haben, wie toll sie zu Ihrer Garderobe aussehen werden. Vielleicht haben Sie sich auch in der letzten Zeit über Ihren Partner geärgert und sehen den Schuhkauf als kleine Entschädigung oder Rache. Oder aber Sie wollten Ihrem Partner damit beweisen, daß er nicht über Sie bestimmen kann. Gleichgültig was Ihnen durch den Kopf ging, auf jeden Fall haben Sie für diesen Augenblick der Kaufentscheidung nicht an Krieg, Sparen für den Urlaub, die Kleidung der Kinder gedacht bzw. dies als nicht so wichtig eingestuft. Jetzt haben Sie die Schuhe in der Tasche und Schuldgefühle können sie nicht mehr in den Laden zaubern. Sie können nun nur noch überlegen, wie Sie die anderen Argumente in der Zukunft mehr berücksichtigen können.

Wir können an diesem Beispiel erkennen, daß unsere Schuldgefühle nicht unbedingt ein Hinweis auf ein „falsches" Verhalten sind. Wenn wir uns von unseren Schuldgefühlen lösen wollen, müssen wir lernen, unsere Selbstgespräche zu hinterfragen und sie gegebenenfalls zu korrigieren. Bei der Korrektur unseres alten Programms werden wir in Schwierigkeiten geraten. Wir werden einen Umlernprozeß durchlaufen müssen, den ich Ihnen jetzt vorstellen möchte.

Wann immer wir eine Einstellung oder ein Verhalten erlernt, eine Gewohnheit entwickelt haben, werden wir 5 Phasen durchlaufen müssen, bis eine neue Gewohnheit aufgebaut ist und wir uns wieder wohlfühlen. Insbesondere bei den Schuldgefühlen bereitet uns der Umlernprozeß große Schwierigkeiten. Nehmen wir einmal an, Sie haben sich dieses Buch gekauft, weil Sie unter Ihren Schuldgefühlen leiden. Sie wollen sich davon erlösen, wissen aber nicht, wie Sie das erreichen können. Sie haben die tiefe Überzeugung, in Ihrer Vergangenheit etwas falsch gemacht zu haben, wofür Sie sich verurteilen müssen. Sie wollen zwar Ihre Schuldgefühle nicht mehr verspüren, glauben aber gleichzeitig, daß es richtig ist, sie zu haben. Und schon sitzen Sie in der Falle. Solange Sie denken, die Schuldgefühle seien berechtigt, Sie hätten sie verdient, solange können Sie sich auch nicht von ihnen befreien. Rufen wir uns noch einmal das Modell der Schuldgefühle in Erinnerung:

A: Situation:
Sie haben etwas getan, gesagt, gedacht oder gefühlt.

B: Bewertung und Schlußfolgerung:
Sie bewerten dieses Verhalten, diese Worte, Gedanken und Gefühle als falsch und verurteilen sich deshalb als schlechten Menschen.

C: Gefühl, Körperreaktion und Verhalten:
Sie haben Schuldgefühle und verspüren körperliche Reaktionen.

Sie können das Ereignis A, Ihr Verhalten in der Vergangenheit, nicht mehr ändern. Sie haben lediglich die Möglichkeit, B, Ihre Bewertung und damit C, Ihre Schuldgefühle und Ihre körperlichen Reaktionen zu beeinflussen. Wenn Sie Ihre Bewertung beibehalten wollen, daß das Verhalten falsch war

UND Sie deshalb ein schlechter verurteilenswerter Mensch sind, können Sie Ihren Schuldgefühlen nicht entrinnen. Um Ihre Schuldgefühle abzubauen, müssen Sie an Ihrer Bewertung und Schlußfolgerung ansetzen. Sie müssen Ihre Bewertung überprüfen: Ist dieses Verhalten wirklich falsch oder ist meine Forderung, die ich an mich stelle, möglicherweise zu hoch? Wenn mein Verhalten tatsächlich unangemessen war, bin ich deshalb dann ein wertloser verabscheuungswürdiger Mensch, der noch niemals in seinem Leben etwas richtig gemacht hat?

Sie könnten bei der Überprüfung zu folgender neuer Bewertung kommen: „Mein Verhalten war unangemessen, entspricht nicht meinen moralischen Prinzipien. Ich habe einen Fehler gemacht. Es tut mir leid. Ich werde mich darum bemühen, ihn wiedergutzumachen. Ich gestehe mir zu, Fehler machen zu dürfen."

Diese Überprüfung eines alten automatisch ablaufenden Programms ist der erste Schritt im Veränderungsprozeß: Rein vom Kopf her erkennen Sie, daß die Bewertung Ihres Verhaltens übertrieben negativ ist. Wir nennen diese Stufen deshalb:

1. Stufe: Theoretische Einsicht
Sie überprüfen Ihr altes Programm und erarbeiten sich eine neue angemessenere Bewertung und Schlußfolgerung. Diesen ersten Schritt können Sie bei einiger Übung relativ schnell bewerkstelligen. Nun muß der zweite Schritt folgen:

2. Stufe: Übung
Sie müssen sich, wann immer wieder diese alten Vorwürfe: „Ich hätte ... nicht tun dürfen. Was bin ich doch für ein schlechter Mensch ..." auftauchen, an das neue Programm erinnern und es dagegensetzen. Und damit beginnen die Probleme:

3. Stufe: Widerspruch zwischen Kopf und Bauch
Sie haben den Eindruck, als ob Sie sich etwas einreden. Es

kommt zu einem Machtkampf zwischen alten und neuen Gedanken, wobei die alten Gedanken noch über Ihre Gefühle bestimmen. Der Kopf sagt Ihnen schon, daß die neuen Gedanken eher den Tatsachen entsprechen, während Ihnen Ihr Gefühl sagt, daß das nicht stimmen könne. Da Sie es gewöhnt sind, auf Ihr Gefühl zu hören, sind Sie auf dieser Stufe gefährdet, in alten Gewohnheiten zu verharren.

Liebe Leserin, lieber Leser, Sie werden also auf dieser Stufe den Eindruck haben, ich wolle Sie nur beruhigen, Ihnen Unwahrheiten einreden, während in Wirklichkeit Ihre Schuldgefühle doch berechtigt seien und Sie einen unverzeihlichen Fehler begangen hätten. Erinnern Sie sich jedoch bitte daran, daß Ihre Gefühle nur die Folge Ihrer Gedanken sind. Sie haben nichts mit Wahrheit und Tatsachen zu tun. Ihr Körper zeigt nur die Gefühle, für die Sie ihm den Auftrag per Gehirn und Einstellungen geben. Der Körper ist nur ausführendes Organ. An den Gefühlen können wir nicht die Richtigkeit eines Verhaltens ermessen. Um aus Ihrem Kreislauf herauszukommen, müssen Sie deshalb auf dieser Stufe - und nur auf dieser Stufe - Ihre alten Gefühle ignorieren. Sie müssen ihnen die Erlaubnis geben, dazusein, jedoch weiterhin Ihre neuen Gedanken pflegen. Möglicherweise müssen Sie hunderte Male am Tag Diskussionsrunden zwischen dem alten und neuen Programm führen. Doch irgendwann kommen Sie auf die Stufe 4.

4. Stufe: Übereinstimmung zwischen Kopf und Bauch
Jetzt haben Sie den schwierigsten Teil des Veränderungsprozesses schon hinter sich gebracht. Ihr Gefühl gibt Ihnen das Signal, daß es das neue Programm glaubt. Sie haben den Eindruck, sich nicht mehr schuldig fühlen zu müssen. Sie haben einen Fehler gemacht und das ist menschlich. Sie werden nur noch Reue und Bedauern verspüren, aber keine quälenden Schuldgefühle. Schließlich gelangen Sie auf die 5. Stufe.

5. Stufe: Neue Gewohnheit
Ihre neuen Gedanken laufen automatisch ab. Sie haben ein

neues Gleichgewicht erreicht und sind im Frieden mit sich.

Dieser Veränderungsprozeß ist übrigens überhaupt nichts Neues für Sie. Sie haben sicher schon viele hunderte solcher Veränderungsprozesse durchlaufen. Vielleicht haben Sie sich abgewöhnt, Zucker in den Kaffee zu nehmen, das Frühstücksei zu salzen oder die Beine übereinanderzuschlagen? Vielleicht sind Sie schon mal im Linksverkehr autogefahren? Jedes neue Jahr, jedes Umräumen des Kleiderschrankes, jedes neue Auto, das Sie sich kaufen, hat Ihnen die Chance gegeben, umzulernen. Immer mußten Sie eine Zeit lang das Gefühl in Kauf nehmen, etwas Falsches zu tun, obwohl es für die neue Situation absolut korrekt und angemessen war. Sicher sind Sie einige Male auch in alte Gewohnheiten zurückgefallen. Aber Sie haben auch erlebt, daß Sie sich umstellen können und es irgendwann überhaupt keine Mühen mehr kostet, ein neues Verhalten zu zeigen. Es gibt eine Garantie: Sie haben - solange Sie lernfähig sind - die Möglichkeit, jede Denk- und Verhaltensgewohnheit umzulernen. Und dies ist auch der Grund, weshalb ich so sicher bin, daß Sie sich von Ihren Schuldgefühlen befreien können - gleichgültig was Sie sich vorwerfen und was Sie getan haben.

4.
Grundsätzliche Denkfehler, die wir begehen, wenn wir uns Schuldgefühle machen

Schuldgefühle sind die Folge von Selbstgesprächen, die so lauten: „Ich hätte nicht, hätte anders ... Ich sollte ..., aber ich tue es nicht, und deshalb bin ich ein verabscheuungswürdiger schlechter Mensch". Wahrscheinlich können Sie diese Feststellung bald schon nicht mehr hören, doch ich wiederhole sie so häufig, weil Sie die Basis Ihrer Veränderung ist. Schauen wir uns die Selbstgespräche näher an, so können wir in diesen Formulierungen einige grundsätzliche Denkfehler entdecken:

1. Wir verlangen von uns im nachhinein, wir hätten etwas vorhersehen, wir hätten im voraus wissen müssen, was wir mit unserem Verhalten anrichten.
2. Wir verlangen von uns, wider besseres Wissen handeln zu können und fehlerlos zu sein.
3. Wir verurteilen nicht nur unser Verhalten, d.h. das, was wir gesagt oder getan haben, sondern verurteilen uns als Mensch.
4. Wir machen die Beurteilung unseres Verhaltens und unserer Person von etwas abhängig, auf das wir keinen oder nur einen geringen Einfluß haben. Wir machen uns für etwas verantwortlich, über das wir nur bedingt Kontrolle haben.
5. Wir wenden unsere heutigen Maßstäbe und Vorstellungen auf unser Verhalten in der Vergangenheit an.

Schauen wir uns diese Denkfehler anhand eines Beispiels genauer an. Nehmen wir an, Ihr bester Freund hat Ihnen zum

Geburtstag ein selbst gemaltes Bild geschenkt. Unglücklicherweise entspricht das Bild überhaupt nicht Ihren Vorstellungen. Um Ihrem Freund nicht wehzutun, bedanken Sie sich überschwenglich und spielen ihm Begeisterung vor. Nachdem der Freund die Wohnung verlassen hat, rufen Sie Ihre Freundin an. Ganz im Vertrauen erzählen Sie ihr von Ihrem Problem, daß Sie das Bild nicht aufhängen wollen, aber sich dazu gezwungen sehen, weil Ihr Freund beim nächsten Besuch sicher danach sucht. Ihre Freundin fühlt sich gefordert, zu vermitteln, und erzählt Ihrem Freund, daß Ihnen das Bild überhaupt nicht gefällt. Daraufhin läßt Ihr Freund Ihnen ausrichten, daß er keinen Kontakt mehr mit Ihnen haben möchte. Sie geben sich die Schuld an diesem Eklat. „Ich hätte wissen müssen, daß die Freundin es weitererzählt. Ich hätte meinem Freund gleich ehrlich sagen sollen, daß das Bild nicht bei uns in die Wohnung paßt. Ich bin es nicht wert, einen Freund zu haben".

Denkfehler Nr. 1
Wir verlangen von uns, in die Zukunft schauen zu können.

In unserem Beispiel verlangen Sie von sich, daß Sie die Reaktion der Freundin und des Freundes hätten vorhersehen sollen. Ist das eine realistische Forderung? Selbst wenn Sie schon einmal erlebt hätten, daß die Freundin ihren Mund nicht halten kann, hätten Sie nicht wissen können, wie sie sich dieses Mal verhält. Es gibt keinen einzigen Menschen, der heute 100%ig weiß, welche Folgen sein Handeln morgen haben wird. Vielleicht wenden Sie nun ein: „Sicher, kein Mensch ist allwissend, aber ich hätte es wissen müssen, daß ..." Ich muß Sie enttäuschen: Auch wenn es besser gewesen wäre, es im voraus zu wissen, Sie haben es nicht gewußt und konnten es auch nicht wissen.

Denkfehler Nr. 2
Wir verlangen von uns, wider besseres Wissen handeln zu können.

In unserem Beispiel haben Sie Ihrem Freund die Unwahrheit gesagt, weil Sie Angst hatten, er könnte verletzt reagieren. Sie haben sich einen Grund gegeben, unehrlich zu sein - nämlich um ihn zu schützen. Sie glaubten, damit könnten Sie Ihre Freundschaft bewahren. Daß Sie das Gegenteil damit erreichen würden, haben Sie sich nicht ausgemalt.

Wenn Sie sich einmal beobachten, dann werden Sie feststellen, daß Sie nichts tun, von dem Sie 100%ig überzeugt sind, daß es falsch ist. Sie wissen vielleicht, daß es falsch ist, auf der Landstraße, auf der nur 80 km/h erlaubt sind, 120 km/h zu fahren. Und dennoch fahren Sie 120 km/h. Sie fühlen sich im Recht, weil Sie sich vielleicht sagen: „Es ist so wenig Verkehr. Was soll schon passieren?" Oder: „Ich hab's eilig. Ich darf nicht zu spät zu meinem Termin kommen. Ich muß pünktlich sein". Oder: „Diese ganze Geschwindigkeitsbegrenzung ist doch Blödsinn. Soll sich daran halten, wer will. Ich bin ein guter und sicherer Autofahrer". Wüßten Sie 100%ig, daß Sie durch Ihre Geschwindigkeit einen anderen Menschen oder sich töten würden, wüßten Sie genau, daß Sie in eine Radarfalle kommen und Ihren Führerschein verlieren würden, dann würden Sie die vorgeschriebenen 80 km/h einhalten? Richtig? Sie sehen: Sie entscheiden für sich selbst, was in Ihrem Fall „richtig" und „falsch" ist, fühlen sich dann im Recht und verhalten sich entsprechend.

In der Situation mit dem Freund fanden Sie es richtig, ihm die Unwahrheit zu sagen, weil Sie ihn nicht kränken wollten. Und deshalb haben Sie gelogen. Sie hätten sich nur anders verhalten können, hätten Sie sich in der betreffenden Situation andere Gedanken gemacht, etwa daß es eh herauskommt und Sie deshalb Ihrem Freund besser die Wahrheit sagen, oder daß eine Freundschaft die Wahrheit aushalten muß.

So verhalten wir uns alle. Wenn wir in einem gegebenen Augenblick der Meinung sind, uns richtig zu verhalten, dann ist es nicht sinnvoll, im nachhinein, wenn es sich als falsch herausstellt, zu erwarten, daß wir uns anders hätten verhalten sollen. Wir tun alle in jedem Augenblick das, von dem wir überzeugt sind, daß es die beste Lösung ist.

Denkfehler Nr. 3
Wir verurteilen nicht nur unser Verhalten, sondern auch uns als Mensch.

In unserem Beispiel stellen Sie sich als Mensch in Frage. Gut, Sie haben Ihren Freund belogen, was sicher nicht Ihren Vorstellungen von Freundschaft entspricht. Sie haben sich jedoch nicht getraut, ihm die Wahrheit zu sagen. Das war ein Fehler, den Sie bedauern. Ihre Freundschaft macht jedoch nicht nur dieses eine Verhalten aus. Sie waren bisher eine zuverlässige Freundin, die für den anderen dawar und die Freundschaft ernstgenommen hat. Sie sind weder ein guter noch ein schlechter Freund, sondern lediglich ein Mensch, der sich bemüht, einen anderen Menschen zu achten und fair zu behandeln.

Wenn wir uns nach dem Motto beurteilen: „Tue ich etwas Gutes, bin ich ein guter Mensch. Tue ich etwas Schlechtes, bin ich ein schlechter Mensch", dann machen wir uns viele Probleme. Unsere Gefühle gehen wie eine Schaukel auf und ab. In einem Moment sind wir „gute" Menschen und fühlen uns gut, und im nächsten Moment sind wir „schlechte" Menschen und es geht uns schlecht. Wir sind jedoch nicht dasselbe wie unser Verhalten. Unser Verhalten ist mal mehr, mal weniger gut, unsere Person und unser Wert als Mensch ändern sich dadurch jedoch nicht. Wir sind und bleiben fehlerhafte Menschen - von unserer Geburt bis zum Tod. Wir können uns nur bemühen, möglichst wenige Fehler zu begehen.

Denkfehler Nr. 4
Wir machen die Beurteilung unseres Verhaltens und unserer Person von etwas abhängig, auf das wir keinen, nur einen geringen oder nur bedingt Einfluß haben.

In unserem Beispiel machen Sie sich 100%ig für den Ausgang

der Situation verantwortlich. Sie haben Ihrem Freund nicht die Wahrheit gesagt. Das wäre möglicherweise gar nicht problematisch geworden, wenn Ihre Freundin nicht zu vermitteln versucht hätte. Aber selbst dann hat Ihr Freund mit der Art, wie er damit umgeht, daß Sie ihm nicht die Wahrheit gesagt haben, auch noch einen Einfluß. Es gibt sicher auch Menschen, die ihre Enttäuschung und Kränkung ausdrücken oder sich nur eine Weile zurückziehen, aber nicht gleich die Freundschaft aufkündigen. Zu der Tatsache, daß Ihr Freund die Beziehung abbricht, haben also drei Personen beigetragen: Sie, Ihre Freundin und Ihr Freund. Sie selbst sind lediglich für Ihr Handeln verantwortlich. In Ihrem Denken machen Sie sich jedoch 100%ig verantwortlich. Sie tun so, als stünde es in Ihrer Macht, eine Beziehung zu einem anderen Menschen ganz nach Belieben zu formen und zu gestalten.

Denkfehler Nr. 5
Wir wenden unsere heutigen Maßstäbe und Vorstellungen auf unser Verhalten in der Vergangenheit an.

Diesen Denkfehler können wir mit unserem Beispiel nicht verdeutlichen. Er macht sich z.B. bemerkbar, wenn ein junger Mensch in jungen Jahren seine Ausbildung abbricht und sich mit Gelegenheitsjobs schnelles Geld verdient, in späteren Jahren aber dafür verurteilt, nichts „Anständiges" gelernt zu haben. Oder aber wenn man sich in jungen Jahren wenig um die Eltern kümmert und nach deren Tod dafür verurteilt, zu wenig für sie dagewesen zu sein. Wertmaßstäbe und das, was uns wichtig ist im Leben, können sich mit zunehmender Erfahrung und Reife verändern. Es ist jedoch wenig sinnvoll, sich für ein Verhalten schuldig zu sprechen und zu geißeln, welches man zum damaligen Zeitpunkt gutgeheißen hat.

Damals waren vielleicht das Sich-Etwas-Leisten-Können und die Loslösung von den Eltern unsere wichtigsten Ziele und denen gemäß haben wir gelebt. Ein Bedauern ist sicher angemessen, jedoch ist die Verurteilung schädlich.

Alle gesunden Menschen werden mit der Fähigkeit geboren, Schuldgefühle zu entwickeln. Einerseits gibt es nur sehr wenige Menschen, die sich noch niemals schuldig gefühlt haben. Es sind Menschen, die keine Normen von Gut und Böse entwickelt haben, oder solche, die es ablehnen, sich wegen eines Fehlers als gesamte Person zu verurteilen. Andererseits gibt es auch Menschen, die sich täglich mit Schuldgefühlen herumplagen. Es scheint so, als ob diese Menschen die Schuld geradezu auf sich ziehen. Sie fühlen sich für alles und jedes schuldig, wachen schon morgens mit einem Gefühl der Schuld auf. Deren Persönlichkeit ist gekennzeichnet durch die folgenden Charakteristika:

1. Streben nach Perfektion
Sie haben unrealistische hohe Erwartungen an sich selbst. Sie erwarten von sich, sich immer richtig zu verhalten und immer und überall ihre hohen moralischen Wertvorstellungen zu erfüllen. Sie erwarten von sich, niemals jemanden Schaden zuzufügen oder zu verletzen. Schon beim kleinsten Fehler verurteilen sie sich. In ihrem Kopf existiert ein Alles-oder-Nichts-Denken: „Entweder ich mache alles richtig oder alles falsch". Sie tun sich schwer, Neues zu riskieren und Entscheidungen zu treffen, aus der Angst, es falsch zu machen.

2. Selbstzweifel und Minderwertigkeitsgefühle
Sie sehen sich als minderwertig, halten sich von Grund auf

für schlecht. Die Reaktionen der Umwelt sehen sie durch diese Brille. Ein Lachen wird als Auslachen interpretiert, eine Kritik als vernichtende Verurteilung. Sie stellen eigene Bedürfnisse zurück, weil es ihnen wichtiger ist, daß es anderen gutgeht. Sie sprechen sich das Recht ab, eigene Wünsche anzumelden oder unberechtigte Forderungen zurückzuweisen. Sie haben Angst, andere erkennen ihre „Schlechtigkeit".

3. Hohe Sensibilität und die Übernahme der Verantwortung für Probleme und Leid anderer

Sie sind darin geübt, formulierte und unausgesprochene Wünsche und Forderungen anderer zu erkennen. In hohem Maße fühlen sie sich als „Retter der Menschheit" und Märtyrer, ohne deren Hilfe andere umkommen oder unter ihren Problemen zusammenbrechen. Sie neigen dazu, sich für alles und jedes verantwortlich zu sehen. Sie überschätzen ihre eigene Verantwortlichkeit und unterschätzen den Einfluß anderer von ihnen unabhängiger Faktoren.

4. Die Einstellung, die Gefühle anderer durch ihr Verhalten steuern zu können

Sie glauben, für die Gefühle anderer 100%ig verantwortlich zu sein. Sie glauben, einen anderen Menschen kränken, verletzen und in die Drogenabhängigkeit oder den Tod treiben zu können. Wenn andere sich schlecht fühlen, dann glauben sie, deren Unwohlsein verursacht zu haben, und verurteilen sich dafür.

Sind Frauen eher empfänglich für Schuldgefühle?

In meiner Praxis erlebe ich, daß wesentlich mehr Frauen sich mit Schuldgefühlen plagen als Männer. Frauen quälen sich mit Schuldgefühlen, wenn ihr Mann sexuell unbefriedigt ist, wenn sie den Kindern einen Wunsch abschlagen, halbtags arbeiten und die Kinder bei der Kinderfrau lassen, sich eine

Putzfrau nehmen, die Mutter ins Heim bringen, die Eltern nicht oft genug besuchen, ihr Mann fremdgeht oder der Familie das Essen nicht schmeckt. Woran kann das liegen?

So weit waren wir uns einig, daß Schuldgefühle eine Folge unserer Bewertungen sind, etwas falsch gemacht zu haben, und der daran sich anschließenden Selbstverurteilung. Schuldgefühle entstehen aus einem Widerspruch zwischen uns auferlegten, von uns akzeptierten Regeln und unserem Verhalten. Gibt es demnach unterschiedliche Erziehungsprinzipien und Regeln für Männer und Frauen? Gibt es Regeln, die Mädchen/Frauen empfänglich für Schuldgefühle machen?

Diese Fragen lassen sich mit ja beantworten. Schauen wir uns hierzu die Erziehung und Erziehungsideale für Frauen einmal näher an. Welche Einstellungen zu sich und anderen bekommen Frauen durch die Erziehung sehr häufig vermittelt?

• In vielen Kulturen werden Frauen als minderwertig betrachtet. Ja, in Indien und China geht man heute noch so weit, weibliche Babies zu töten. Auch in unserer Gesellschaft gilt ein frischgebackener Vater eines Stammhalters meist mehr als der einer Tochter. „Es ist halt nur ein Mädchen", so wird die Geburt der Tochter kommentiert. Kleine Mädchen können unbewußt diese Abwertung verspüren und sich dafür schuldig fühlen, kein Junge zu sein. Auch als erwachsene Frauen bekommen sie den Einfluß dieser Abwertung zu spüren. Frauen werden in vielen Berufsbereichen bei gleicher Arbeit geringer entlohnt als Männer und sind seltener in den oberen Etagen des Managements zu finden. Frauen dürfen in der kirchlichen Hierarchie nur auf den unteren Stufen mitwirken, in der Politik und Forschung ebenfalls kaum die Führungspositionen besetzen. Bis zum Erwachsensein haben die meisten Mädchen schon so viele Selbstzweifel und Minderwertigkeitsgefühle entwickelt, daß sie immer wieder nach Bestätigung von außen suchen und von ihr abhängig sind.

Die Auswirkung auf die Schuldgefühle besteht in zweifacher Hinsicht: Ein geringes Selbstbewußtsein erhöht einerseits die Bereitschaft, sich für alles und jedes schuldig zu fühlen. Mit vielen Erklärungen und Entschuldigungen begründen Frauen ihr Verhalten. Andererseits führt ein Verstoß gegen die Erwartungen der Gesellschaft beispielsweise durch beruflichen Erfolg zu Schuldgefühlen.

• Mädchen erfahren durch den Religionsunterricht, daß die Sünde in Gestalt der Eva weiblich ist. Das fehlerhafte Verhalten einer Frau hat die Menschheit ins Verderben gestürzt und aus dem Paradies vertrieben. Wegen der Frauen hat Jesus sich geopfert, so können wir es in der Bibel lesen. Auch die christlichen Lehren erhöhen also die Bereitschaft der Frauen, sich schuldig zu fühlen, auch wenn sie überhaupt nichts für Evas Verhalten können (und es ohnehin nicht geklärt ist, inwieweit die Berichte in der Bibel den Tatsachen entsprechen).

• Aus Märchen erfahren kleine Mädchen, daß sie schwach sind und auf den Märchenprinzen oder Retter warten müssen.

• Kleine Mädchen erleben am Modell ihrer Mutter, daß diese sich schuldig fühlt, wenn in der Familie etwas schiefläuft. Der Vater macht ihr Vorwürfe, wenn die Kinder schlechte Noten bekommen, wenn das Haushaltsgeld nicht reicht, die Kinder krank oder frech sind, der Nachbar sich beschwert, sein Lieblingshemd noch nicht gebügelt ist.

• Mädchen werden dazu erzogen, sich zuständig für Harmonie und die Zufriedenheit der Umwelt zu fühlen. Schon sehr früh ist es ihnen wichtig, Nähe zu anderen zu schaffen und ihrem Gegenüber das Gefühl des Verstandenseins zu vermitteln. Sie legen Wert auf Gemeinsamkeit und guten Kontakt. Von ihnen wird erwartet, daß sie um Hilfe bitten, anderen Hilfe erteilen und Lob verteilen. Von ihnen wird erwartet, daß sie einfühlsam sind und anderen die Wünsche vom Gesicht ablesen. Jungen lernen dagegen, sich durchzusetzen und

Macht zu erringen. Es wird Wert auf Leistung, Selbständigkeit und Unabhängigkeit gelegt.

• Mädchen werden dazu erzogen, brav und angepaßt zu sein. Der Ausdruck von Ärger und die Konfliktbereitschaft werden nicht gefördert bzw. sogar verboten.

• Mädchen werden angehalten, bescheiden zu sein, sich nicht in den Mittelpunkt zu stellen oder sich nicht für eigene Leistungen zu loben.

• Mädchen lernen, perfektionistisch zu sein und alles recht-machen zu müssen, denn sonst werden sie abgelehnt.

• Mädchen werden dazu erzogen, keine Lust auf und Freu-de am Sex zu haben. Sie haben es schwer, eigene sexuelle Vor-lieben wahrzunehmen und dann auch anzusprechen.

• Mädchen werden dazu erzogen, sich selbst aufzuopfern und Märtyrerin zu spielen. Sie werden gelobt, wenn sie ande-ren helfen und eigene Bedürfnisse hintenanstellen.

• Mädchen werden dazu erzogen, sich für Haushalt, Familie und Kinder zuständig zu fühlen. Heutzutage kommt auch noch die Erwartung hinzu, einen Beruf auszuüben.

• Die Medien vermitteln Frauen immer noch ein Lebens-konzept, in dem eine Partnerschaft die Sinnerfüllung darstellt. Während Single-Männer durchaus von der Gesellschaft aner-kannt werden und die berufliche Leistung in den Mittelpunkt gerückt wird, gelten Single-Frauen als „alte Jungfern, die kei-nen abgekriegt haben".

All diese unterschiedlichen Erziehungsnormen haben zur Folge, daß Frauen sich schlecht und schuldig fühlen, wenn sie diese durchbrechen. Beispielsweise kann berufliche Karriere bedeuten, besser zu erscheinen als andere und das Ziel der

Gemeinsamkeit zu durchbrechen. Seine eigenen Bedürfnisse anzumelden, bedeutet, sich selbst wichtiger zu nehmen als den anderen. Durch Nein-Sagen und Ablehnen von Wünschen anderer riskiert frau, die Anerkennung durch andere zu verlieren. Die Entscheidung gegen Kinder macht Frauen aus der Sicht der Gesellschaft „unweiblich" oder zu „Emanzen" und die Frauen fühlen sich schuldig. Eine Entscheidung für Kinder und Beruf macht Frauen zu Rabenmüttern und sie fühlen sich schuldig.

Ich möchte hier nicht behaupten, daß alle Frauen automatisch unter Schuldgefühlen leiden oder leiden müssen. Es gibt auch Frauen, die dazu neigen, sich als Opfer der Verhältnisse zu sehen und die Schuld auf die Gesellschaft oder andere Menschen zu schieben. Außerdem gibt es Frauen, die sich eigene Entscheidungen zugestehen, ein gesundes Selbstbewußtsein entwickeln und von den Erwartungen der Gesellschaft lösen. Ebenso gibt es auch Männer, die unter Schuldgefühlen leiden, weil sie gegen die Regeln der Männer verstoßen. Ich möchte lediglich verdeutlichen, daß alle Frauen mehr oder weniger viele Regeln verinnerlicht haben, die sie in ihrer Entwicklung lähmen und ihnen schaden. Wollen sie sich weiterentwickeln, müssen sie sich diesen Regeln widersetzen und für eine befristete Zeit mit Schuldgefühlen rechnen. Diese Schuldgefühle sind dann nur ganz natürlich und zeigen Veränderung an. Sie sind kein Beweis dafür, daß sie „Falsches" tun oder „Schlimmes" verbrochen haben.

6.
Warum Menschen
immer wieder Fehler machen

Das Streben nach Perfektion ist eines der Merkmale, das uns anfällig für Schuldgefühle macht. Deshalb wollen wir uns jetzt die Frage stellen, weshalb Menschen überhaupt Fehler machen. Es gibt immer gute Gründe, warum Menschen das Falsche tun, versagen oder sich daneben benehmen. Die Gründe sind jedoch eher Anlaß, sich und anderen zu verzeihen, als sich und andere zu verurteilen. Die häufigsten Gründe sind:

1. Unwissenheit und mangelnde Erfahrung,
2. seelische Probleme,
3. sich widersprechende Wertvorstellungen,
4. sich verändernde Wertvorstellungen und
5. unterschiedliche Sichtweisen und Bedürfnisse.

1. Unwissenheit und mangelnde Erfahrung

Viele Eltern, meist sind es die Mütter, machen sich wegen der Erziehung ihrer Kinder Schuldgefühle. Wenn ihre Kinder auf die schiefe Bahn geraten, dann machen sie sich für das Verhalten ihrer Kinder verantwortlich und verurteilen sich für ihre vermeintliche Unfähigkeit. Doch ist dieses Verhalten wenig sinnvoll. Erziehungsprinzipien ändern sich immer wieder im Laufe der Zeit. Mal soll die Mutter stillen, mal ist es schädlich. Mal soll man die Kinder antiautoritär erziehen, dann heißt die Devise wieder: liberale Erziehung. Sogar unter den

71

Experten herrscht Uneinigkeit. Außerdem erhalten wir keine Ausbildung in Erziehungspraktiken, können uns also nur an unserer eigenen Erziehung und an dem, was wir uns an Wissen aneignen, orientieren. Das erste Kind erziehen wir meist anders als das zweite, der Nachkömmling wird wieder anders behandelt als das mittlere Kind.

Wir Menschen kommen unwissend auf die Welt und müssen uns mühsam unsere Erfahrungen aneignen. Beim Bau des zweiten Hauses machen wir weniger Fehler als beim ersten. Die zweite Partnerschaft gehen wir anders an als die erste. Wenn wir älter sind, gehen wir sorgsamer mit unserem Körper um als in der Jugend. Wir können nicht alle Eventualitäten vorhersehen. Wenn wir warten wollten, bis wir alles Lebensnotwendige wissen, bevor wir handeln und Entscheidungen treffen, würden wir niemals handeln.

2. Seelische Probleme

Die meisten Eltern wissen, daß Vorwürfe und Schläge ungeeignete Erziehungsmethoden sind. Dennoch reißt ihnen ab und zu der Geduldsfaden oder rutscht ihnen die Hand aus. Jemand, der übergewichtig ist, weiß, daß ihm Schokolade und Sahnetorten nicht guttun, und dennoch ißt er sie. Ein depressiver Mensch weiß, daß er sich aufraffen sollte, und dennoch bleibt er im Bett liegen.

All diesen Beispielen ist gemeinsam, daß hinter dem unangemessenen Verhalten seelische Probleme stehen. Diese seelischen Probleme lösen sich nicht dadurch, daß die Betroffenen sich verurteilen und sich mit Schuldgefühlen quälen. Im Gegenteil, häufig führen die Schuldgefühle und Selbstvorwürfe sogar dazu, daß das Verhalten in der Häufigkeit zunimmt. So trinkt der Alkoholiker, weil er seine Schuldgefühle betäuben will. Eltern, die sich für ihr Verhalten verurteilen, sind möglicherweise umso gereizter und ungeduldiger den Kindern gegenüber. Depressive Menschen werden noch hoffnungsloser, wenn sie sich für ihr Verhalten verurteilen. Erst wenn die Betroffenen die hinter dem Fehlverhalten stehenden Einstellungen korrigieren und neue Verhaltensweisen einüben, können sie sich angemessener verhalten.

3. Sich widersprechende Wertvorstellungen

In vielen Situationen kollidieren zwei unterschiedliche Wertvorstellungen miteinander. Einerseits wollen wir vielleicht den Freund beim Umzug nicht im Stich lassen, aber gleichzeitig haben wir uns schon so sehr auf ein geruhsames Wochenende gefreut. Wir wollen uns der Arbeitskollegin gegenüber fair verhalten und sie am Projekt beteiligen, sehen aber gleichzeitig für uns die Aufstiegschance, wenn wir es allein durchziehen. Wir wollen unserem Partner nicht wehtun, sehen aber keine Möglichkeit mehr, mit ihm weiterhin in der Partnerschaft zusammenzuleben. Der Partner will mit uns allein das Weihnachtsfest verbringen, während die Eltern uns auch unter dem Christbaum sehen wollen. Wir sitzen in der Falle. Wie wir uns auch entscheiden, werden wir gegen eines unserer Prinzipien verstoßen. Wir müssen deshalb lernen, Prioritäten zu setzen, und akzeptieren, daß wir nicht immer allen Prinzipien treu sein können.

4. Sich verändernde Wertvorstellungen

Im Laufe unseres Lebens können sich unsere Lebensziele ändern. Was uns in jungen Jahren wichtig erschien, erntet vielleicht heute nur noch ein mildes Lächeln. Wofür wir uns engagiert, worüber wir uns aufgeregt haben, ist uns heute nicht mehr wichtig. Betrachten wir unsere Entscheidungen aus unserer heutigen Perspektive, mit unserer heutigen Erfahrung, so werden wir einige unserer Verhaltensweisen bedauern und sie als falsch ansehen. Wenn wir uns jedoch für die Fehler verurteilen, dann übersehen wir dabei, daß wir damals nur unter der Bedingung, genauso wie heute zu denken, hätten anders handeln können. Entscheidend für unser Verhalten sind immer die Gedanken, die wir genau in dem Augenblick des Verhaltens haben.

5. Unterschiedliche Menschen haben unterschiedliche Sichtweisen und unterschiedliche Bedürfnisse

Wir können nicht hellsehen. Wenn wir überlegen, wie wir uns verhalten sollen, können wir immer nur von uns ausgehen. Wir können zwar versuchen, uns in unser Gegenüber hineinzuversetzen, doch letztendlich vorhersagen, wie es auf unser Verhalten reagieren wird, können wir nicht. Wir können nur behutsam und vorsichtig mit ihm umgehen. Es wird dennoch immer wieder passieren, daß der andere verletzt, gekränkt, enttäuscht, verärgert oder beleidigt reagiert. Unser Gegenüber bestimmt mit seinen Selbstgesprächen, wie es auf uns reagiert. Es kommt nur ganz selten vor - selbst in einer Partnerschaft - daß zwei Menschen zur gleichen Zeit genau das gleiche Bedürfnis haben. Häufig hat der eine Sehnsucht nach Geselligkeit, der andere will seine Ruhe. Ein Partner will zum Essen ausgehen, der andere will sich zuhause eine Kleinigkeit selbst kochen. Der eine will wandern, während der andere den spannenden Krimi im Fernsehen ansehen mag. Wenn wir es als Fehler ansehen, einen anderen Menschen zu enttäuschen, dann kommen wir in Schwierigkeiten. Wenn wir nur ein einziges Mal unserem Wunsch nachgehen, und der Partner reagiert negativ, dann müssen wir Schuldgefühle empfinden. Um aus dieser Falle zu kommen, müssen wir lernen, uns das Recht auf die Erfüllung der eigenen Wüsnche zuzugestehen, und uns vor Augen führen, daß unser Gegenüber entscheidet, wie es darauf reagiert. Ziel ist es, ein Gleichgewicht in der Beziehung zu finden: Jeder nimmt ab und zu Rücksicht auf die Wünsche des anderen und steckt zurück.

Teil II:
Konkrete Strategien

7.
Strategien zur Überwindung
Ihrer Schuldgefühle

Wir haben uns bisher ausführlich damit befaßt, wie Schuldgefühle entstehen und mit welchen Blockaden wir auf dem Weg
bis zu ihrer Überwindung rechnen müssen. Bevor wir uns nun
an die Strategien der Beeinflussung machen, möchte ich
nochmals ganz deutlich meinen persönlichen Standpunkt zu
den Schuldgefühlen darlegen:

- Niemand kann Ihnen Ihre Schuldgefühle wegnehmen,
  außer Sie sich selbst.
- Nur Sie können sich Schuldgefühle machen, sonst
  niemand.
- Ob Sie Ihre Schuldgefühle für berechtigt halten und
  beibehalten möchten, ist ganz alleine Ihre Entscheidung.
- Mir steht es nicht zu, darüber zu urteilen, nach welchen
  moralischen Prinzipien und Regeln Sie Ihr Leben gestalten sollten. Sie haben das Recht auf Ihre eigenen Wertmaßstäbe und moralischen Prinzipien.
- Sie haben auch ein Recht darauf, Ihre erlernten Wertvorstellungen zu überprüfen und sie zu korrigieren, wenn sie
  nicht mehr in Ihr Leben passen.
- Schuldgefühle machen Sie nicht zu einem besseren Menschen; sie schaden Ihnen nur und behindern Sie an der
  Veränderung.
- Sie sind verantwortlich für Ihr Verhalten, aber es ist nicht
  notwendig, sich für Ihr Verhalten als Mensch zu verurtei-

len. Es genügt, den Fehler zu bereuen und zu überlegen, wie Sie ihn korrigieren und in Zukunft vermeiden können.

Ich hoffe, es ist mir gelungen, daß Sie mir bis hierhin in meinen Ausführungen gefolgt sind und daß Sie mir nun die Möglichkeit geben, Ihnen Strategien der Veränderung vorzustellen. Sie erinnern sich? Wir müssen bei jedem Umlernen mit „Ja, aber"-Kommentaren in Ihrem Kopf rechnen und mit einem Gefühl, daß Sie sich etwas einreden. Trotzdem können Sie umlernen, wenn Sie es wirklich wollen. Sie bestimmen darüber, mit welchen Einstellungen Sie den Ereignissen begegnen und wie Sie über Ihre Verhaltensweisen in der Vergangenheit denken.

Warum es sich lohnt, Schuldgefühle in Gefühle des Bedauerns zu verwandeln

Wir tun uns leichter, ein Verhalten aufzugeben, wenn wir wissen, was uns hinter dem Zaun erwartet, welche Vorteile wir davon haben werden. Deshalb nun noch einmal kurz im Überblick, warum es sich für Sie lohnt, Schuldgefühle in Gefühle des Bedauerns zu verwandeln:

- Sie werden sich körperlich besser fühlen.
- Sie werden Ihrer Gesundheit förderliche Verhaltensweisen an den Tag legen können.
- Sie werden Ihre Fehler offen bekennen und zu ihnen stehen können.
- Sie werden andere Menschen eher mit ihren Fehlern akzeptieren können.
- Sie werden die Verantwortung für Ihr Verhalten übernehmen und es analysieren können.
- Sie werden Ihre Energien darauf verwenden können, den Fehler zu korrigieren und in Zukunft zu vermeiden.
- Sie werden Selbstachtung und Selbstvertrauen verspüren.
- Sie werden unabhängiger von den Normen und Erwartungen anderer sein.

- Sie werden eigene Bedürfnisse eher berücksichtigen können.
- Sie werden sorgfältig abwägen, welche anderen Faktoren außer Ihrem Verhalten zu der Situation beigetragen haben, und nicht die Verantwortung für das Fehlverhalten anderer oder unglückliche Umstände übernehmen.

Ich möchte Ihnen nun generelle Strategien der Beeinflussung von Schuldgefühlen vorstellen. In Teil III werden wir dann auf typische Situationen eingehen, in denen Menschen sehr häufig mit Schuldgefühlen reagieren.

Wie Sie Ihre Bewertungen auf ihre Richtigkeit überprüfen können

Sind Sie bereit, sich mit Ihren schulderzeugenden Einstellungen und Schuldgefühlen auseinanderzusetzen? Dann nehmen Sie nun Ihr Notizbuch zur Hand.

Schritt 1:
Sich einen Überblick verschaffen

Am besten nehmen Sie sich erst einmal ausreichend Zeit, um darüber nachzudenken, welche Regeln Ihnen Ihre Eltern vermittelt haben, die Sie heute noch mehr oder weniger bewußt befolgen. Beispielsweise könnten Ihnen folgende Vorschriften einfallen: Ich sollte
pünktlich sein
ordentlich sein
keine Schulden machen
nicht lügen
nicht stehlen
in der Öffentlichkeit nicht in der Nase bohren
die Sexualität nicht genießen
meine Kinder nicht schlagen
meinen Partner nicht betrügen

mich nicht vor anderen loben
meine Eltern nicht enttäuschen
andere Menschen nicht verletzen
Geschenke im gleichen Wert wie erhalten verschenken
sonntags in die Kirche gehen
in der Öffentlichkeit nicht auffallen
nicht weitererzählen, was mir im Vertrauen erzählt wurde
außerhalb der Familie nicht über Probleme der Familie reden
mich nicht vor den Kindern streiten
nicht krankfeiern
erst genießen, wenn ich all meine Pflichten erfüllt habe
keine Fehler machen

und wenn ich mich nicht daran halte, bin ich ein schlechter Mensch.

Denken Sie bei Ihrer Aufstellung an die unterschiedlichen Bereiche: Beruf, Kindererziehung, soziale Beziehungen, Partnerschaft, Freizeitgestaltung, politische Überzeugung, religiöse Überzeugung. Nehmen Sie Ihr Arbeitsheft zur Hand und beginnen Sie nun mit Ihrer ganz persönlichen Liste: Ich soll ... Ich darf nicht ... Ich muß ...

Nach welchen Regeln gestalten Sie Ihr Leben? Am Anfang hat es vielleicht den Anschein, als ob Ihnen überhaupt nichts dazu einfällt. Sie werden jedoch bemerken, daß Sie plötzlich kaum noch aufhören können. Es ist wirklich erstaunlich, wieviele „Du sollst-Regeln" wir verinnerlicht haben. Wir bemerken die Regeln im Grunde nur noch, wenn wir gegen sie verstoßen und Schuldgefühle verspüren. Können Sie auch feststellen, wer am meisten Spuren in Ihrem Gedankenprogramm hinterlassen hat? Der Vater, die Mutter, der Priester, ein bestimmter Lehrer? Welches waren die drei Werthaltungen Ihres Vaters und Ihrer Mutter, die Sie am stärksten ablehnen? Welche drei Werthaltungen sind für Sie heute am wertvollsten?

„Ich sollte ...", „Ich müßte ...", „Ich muß ..." „Ich darf nicht ..." Spüren Sie auch noch einmal ganz bewußt nach, wie

Sie sich bei diesen Forderungen und Verboten fühlen.

Schritt 2:
Eine Liste von Situationen und ein ABC der Gefühle erstellen

Notieren Sie sich jetzt die Situationen, in denen Sie mit
Schuldgefühlen reagiert haben und noch darunter leiden. Erstellen Sie sich eine Liste von allen Verhaltensweisen, die Sie
sich vorwerfen. Auf die Liste gehören auch Gefühle und
Phantasien, wegen derer Sie sich verurteilen. Sie erinnern sich
daran: Die Vorwürfe beginnen mit: „Ich hätte nicht ..., Ich
hätte ..., Ich sollte ..., Ich müßte ..." (s. hierzu Kapitel 1). Ordnen Sie nun Ihre Vorwürfe nach der Wichtigkeit. Dann nehmen Sie sich die Situation vor, die Sie zwar immer noch
quält, aber von all den genannten Situationen am wenigsten
beschäftigt. Bezüglich dieser Situation werden Sie am schnell-
sten ein Erfolgserlebnis haben und am ehesten bemerken, wie
Sie Ihre Gefühle gezielt beeinflussen können. Beschreiben Sie
die Situation mit Hilfe des ABC's der Gefühle:

A: Situation:
Was habe ich getan, gesagt, gefühlt, gedacht?

....

B: Bewertung und Schlußfolgerung:
Wie bewerte ich mein Verhalten? Was bedeutet das für
meine Person?

....

C: Gefühle, Körperreaktion und Verhalten:
Wie fühle und verhalte ich mich?

....

Achten Sie darauf, daß Sie unter A, Situation nur das notieren, was eine Videokamera aufzeichnen würde: nur die objektive Beschreibung der Situation, nur das, was jeder, der sie erleben würde, erkennen kann. Eine Klientin schrieb beispielsweise fälschlicherweise unter A: „Mir ist etwas Furchtbares passiert. Ich habe mein Kind blutig geschlagen". Der erste Teil der Beschreibung „Mir ist etwas Furchtbares passiert", gehört eindeutig unter B. Es ist eine persönliche Bewertung der Situation. Ordnen Sie unter A nur die tatsächlichen Ereignisse ein. Ihre Bewertung, ob etwas gut, schlimm, schlecht, unverschämt, ungerecht oder falsch ist, schreiben Sie unter B: Bewertung. Diese Unterscheidung von A und B ist deshalb so wichtig, weil wir das Ereignis nicht mehr verändern können, aber unsere Bewertung. Hauptprobleme bei Schuldgefühlen sind immer unsere Bewertungen, die unangemessen sind, und falsche Schlußfolgerungen, die wir daraus ziehen.

Nehmen wir einmal an, Ihre Tochter hat nach fünfmaligem Ermahnen ihr Zimmer immer noch nicht aufgeräumt. Bei jeder Ermahnung steigt die Wut ein Stückchen mehr in Ihnen hoch. Als die Tochter beim 6. Mal auch noch frech wird und Ihnen „Oh Mutter, du mit deinem Aufräumtick kannst einem auf den Geist gehen" an den Kopf wirft, läuft das Faß über und Ihre Hand rutscht aus. Sie beschimpfen sie als größte Schlampe der Familie und bieten ihr an, sie könne ja zu den Tippelbrüdern unter die Brücke gehen, wenn es ihr hier nicht passe. Dann rennen Sie wutentbrannt aus dem Zimmer. Der Tag ist für Sie gelaufen. Sie zermartern sich mit Schuldgefühlen, sich so gehengelassen zu haben. Ihr ABC könnte so aussehen:

A: Situation:
   Ich habe meiner Tochter eine Ohrfeige gegeben und sie beschimpft.
B: Bewertung und Schlußfolgerung:
   Das hätte mir nicht passieren dürfen. Ich mißhandle mein Kind und bin eine Rabenmutter.

C: Gefühle, Körperreaktion und Verhalten:
Habe Schuldgefühle, bin angespannt, ziehe mich zurück.

Schritt 3:
Bewertung und Schlußfolgerung überprüfen

Nachdem wir nun Situationsbeschreibung und Bewertung getrennt haben, können wir uns an die Überprüfung der Bewertung und Schlußfolgerung machen.

Es ist nicht immer ein Freund oder Therapeut zur Stelle, bzw. nicht immer ist der Freund objektiv. Häufig beurteilt er unser Verhalten anhand seiner ganz persönlichen Lebenseinstellungen und sagt: „Ja, das ist schlimm, was du dir da geleistet hast. Das hättest du nicht tun sollen". Damit gießt er nur Öl aufs Feuer, hilft uns aber nicht, uns von unseren Schuldgefühlen zu lösen. Deshalb möchte ich Ihnen zwei Fragen an die Hand geben, mit denen Sie selbst Ihre Gedankengänge auf ihre Angemessenheit überprüfen können.

Prüfen Sie Ihre Bewertungen mit Hilfe der beiden folgenden Regeln für hilfreiches Denken:

1. **Entsprechen meine Bewertung und meine Schlußfolgerung den Tatsachen?**
2. **Helfen mir meine Bewertung und meine Schlußfolgerung, mich so zu fühlen und verhalten, wie ich es möchte?**

Korrigieren Sie Ihr Selbstgespräch, wenn Sie die beiden Fragen mit nein beantworten können.

Auf unser Beispiel übertragen, würde das so aussehen: Entspricht der Gedanke, „Mir hätte nicht passieren dürfen, daß ich mein Kind mißhandle, und deshalb bin ich eine Rabenmutter", den Tatsachen?

Nein, er entspricht nicht den Tatsachen. Tatsache ist, daß

ich meiner Tochter eine Ohrfeige gegeben habe, obwohl ich eine Gewaltgegnerin bin. Ich war so wütend, daß ich mich nicht mehr beherrschen konnte. Das war ein Fehler, den ich bedaure und in Zukunft vermeiden möchte. Es ist jedoch übertrieben, daß ich mein Kind mißhandle. Ich habe meiner Tochter lediglich eine Ohrfeige gegeben. Deswegen bin ich noch lange keine Rabenmutter. Ich sorge seit 10 Jahren für meine Tochter und bemühe mich, sie zu einem reifen Erwachsenen zu erziehen. Eine Ohrfeige kann das nicht alles ungeschehen machen.

Hilft mir der Gedanke, „Mir hätte nicht passieren dürfen, daß ich mein Kind mißhandle, und deshalb bin ich eine Rabenmutter", mich so zu fühlen und verhalten, wie ich es möchte? Nein, wenn ich so denke, bekomme ich Schuldgefühle und ziehe mich zurück. Ich möchte lieber mit meiner Tochter ein Gespräch führen, mich für mein Verhalten entschuldigen und ihr erklären, weshalb ich so reagiert habe. Ich bedaure mein Verhalten, finde jedoch, daß das Verhalten meiner Tochter unangemessen ist. Ich möchte ihr ruhig mitteilen, daß ich von ihr einmal die Woche die Reinigung ihres Zimmers erwarte. Außerdem möchte ich mir Strategien überlegen, was ich in Zukunft anderes denken und tun kann, um nicht mehr so schnell die Geduld zu verlieren.

Bitte merken Sie sich diese beiden Regeln für hilfreiches Denken gut.

1. Entsprechen meine Bewertung und meine Schlußfolgerung den Tatsachen?
2. Helfen mir meine Bewertung und meine Schlußfolgerung, mich so zu fühlen und verhalten, wie ich es möchte?

Ziel dieser beiden Regeln ist es, unsere Bewertungen und Schlußfolgerungen zu hinterfragen. Ist es wirklich falsch, was ich als falsch oder schlimm bewerte? Wenn ja, bedeutet es dann tatsächlich, daß ich ein vollkommener Versager und wertloser Mensch bin? Wir haben uns in Kapitel 1 mit unseren erlernten Regeln und Bewertungen beschäftigt. Wir haben die Regeln von unseren Eltern und Bezugspersonen in blindem Vertrauen und ungeprüft übernommen, aber wir können sie heute nochmals bewußt anschauen. Viele, so werden wir feststellen, passen nicht mehr in die heutige Zeit oder in unser Leben. Sie sind Ausdruck der Erkenntnisse und Erfahrungen unserer Eltern, Ausdruck von dem, was diese in ihrem Leben für richtig hielten. Jetzt sind wir erwachsen und haben das Recht, neue auf unser Leben und unsere Zeit zugeschnittene Regeln zu formulieren.

Keine Angst, es geht bei der Überprüfung unserer Gedanken nicht darum, alles durch eine rosarote Brille zu sehen und uns von jeglicher Verantwortung freizusprechen. Es geht darum, uns die Wahrheit zu sagen. Ziel ist es, sich weder für etwas schuldig zu erklären, was nicht in unserer Kontrolle liegt oder nicht unser Fehler war, noch Verantwortlichkeit abzustreiten, da, wo unser Verhalten einen Schaden auslöste.

Schritt 4:
Neue Selbstgespräche üben und in die Tat umsetzen

An diesem Punkt gibt es zwei Möglichkeiten:

Alternative 1
Sie sind nach der Überprüfung mit den beiden Fragen zu dem Schluß gekommen, daß Ihr Verhalten nicht unangemessen war und Sie keine Schuld trifft. Beispielsweise haben Sie festgestellt, daß Sie nichts für den Autounfall Ihres Sohnes oder nichts für Ihre Entlassung aus der Firma konnten. Ihre Schuldgefühle sind deshalb sinnlos.

Alternative 2
Sie sind zu dem Schluß gekommen, daß Ihr Verhalten der Situation nicht angemessen war, daß Sie einen Fehler gemacht haben. Sie erkennen jedoch, daß die Selbstverurteilung und

Ihre Schuldgefühle schädlich sind, denn sie machen Ihren Fehler nicht ungeschehen und schaden Ihnen nur.

Wenn Sie zu dem Schluß gekommen sind, sich falsch verhalten zu haben, dann überlegen Sie nun, was Sie mit dem Wissen um Ihren Fehler anfangen:
Wollen Sie den Fehler korrigieren?
Wollen Sie ihn wiedergutmachen und sich entschuldigen?
Wollen Sie etwas dafür tun, um ihn in Zukunft zu vermeiden?
Wollen Sie in Form eines anderen Verhaltens Buße tun? Wollen Sie den Fehler akzeptieren und sich verzeihen?

In beiden Fällen (Alternative 1: Sie haben sich nicht falsch verhalten, sondern Ihr Verhalten nur als falsch bewertet. Alternative 2: Sie haben einen Fehler gemacht.) müssen Sie sich dann Ihr neu entworfenes Selbstgespräch einprägen. Ihr Ziel ist es, Ihr altes Programm zu löschen, quasi zu überschreiben. Machen Sie sich auf den Weg der Übung. Wann immer Sie sich bei Ihren Vorwürfen „Ich hätte nicht, wie konnte ich nur ... Ich bin ein schlechter Mensch" ertappen, ersetzen Sie diese Gedanken durch Ihre korrigierten Bewertungen. Rechnen Sie mit dem Gefühl, sich zu belügen und sich etwas vorzumachen. Sie wissen, daß Ihnen dieses Gefühl auf dem Weg des Umlernens begegnen muß. Es ist ein positives Zeichen und zeigt Ihnen, daß Sie aus gewohnten Denkmustern ausbrechen.

Diese Diskussionsrunden zwischen alten und neuen Selbstgesprächen laufen am Anfang sehr häufig ab. Es kann Ihnen auch passieren, daß Sie in Ihrem Arbeitsheft eine neue Bewertung erarbeitet haben und Sie diese immer wieder vergessen. Das hängt damit zusammen, daß alte Gedanken viel stärker eingeschliffen sind. Schreiben Sie sich einfach einen Spickzettel, den Sie mit sich führen und immer wieder vor Augen halten können.

Sie haben an den Schritten 3 bis 4 gemerkt, daß wir immer an der Veränderung von Gedankengängen ansetzen. Sie sind das A und O der Selbstveränderung. Diese Möglichkeit kann Ihnen niemand nehmen - außer Sie sich selbst, indem Sie beispielsweise denken: „Das ist zu einfach, zu leicht gemacht.", „So etwas kann nicht funktionieren.", „Das ist doch nur eine Wortspielerei". Es ist in der Tat eine Veränderung von Worten und Gedankengängen. Die Veränderung ist einfach zu bewirken, indem wir immer wieder die eingefahrenen alten Gedanken ersetzen. Doch sie ist mühsam, da wir ja mit der Gegenwehr durch unser altes Gefühl rechnen müssen.

Wenn Sie mit der Situation begonnen haben, in der Sie die schwächsten Schuldgefühle haben, dann werden Sie bald auch eine Erleichterung verspüren können. Sie können nicht irregehen, wenn Sie den Schritten 2 bis 4 folgen. Mit der Zeit, mit zunehmender Übung werden Ihre Schuldgefühle nachlassen.

Woran Sie die Veränderung bemerken werden:

- Der starke innere Druck, die Schuldgefühle werden schwächer.
- Sie werden nicht mehr so häufig an die Situation denken und sich weniger Vorwürfe machen.

Schritt 5:
Weitere ABC's erstellen

Nehmen Sie sich danach nacheinander, gestaffelt nach der Stärke der Schuldgefühle, die Situationen aus Ihrer Liste vor. Ganz zum Schluß beschäftigen Sie sich mit der Situation, wegen der Sie sich am meisten Schuldgefühle machen. Nehmen Sie immer das ABC der Gefühle zu Hilfe und trennen Sie zunächst nach Situation (A), Bewertung (B), Gefühlen, Körperreaktionen und Verhalten (C). Danach überprüfen Sie Ihr Selbstgespräch mit den beiden Fragen: „Entsprechen meine Bewertung und meine Schlußfolgerung den Tatsachen?" „Helfen mir meine Bewertung und Schlußfolgerung, mich so zu fühlen und verhalten, wie ich es möchte?" Korrigieren Sie sie, wenn Sie die Fragen mit nein beantworten können. Dann gehen Sie über zur Übung und ersetzen Ihre alten Gedanken, wann immer sie auftauchen, durch die neuen Gedanken. Möglicherweise haben Sie Schwierigkeiten damit, Ihre gewohnten Gedankengänge zu überprüfen und zu korrigieren. Dann nehmen Sie die Beispiele aus Teil III zu Hilfe. Ich hoffe, daß auch ein Beispiel für Ihre Schuldgefühle dabei ist.

Schritt 6:
Sich als fehlerhaften Menschen annehmen

Fragen Sie sich bei aufkommenden Schuldgefühlen: „Habe ich absichtlich so gehandelt?" „Wußte ich, was dabei herauskommen wird?" Ist Ihre Antwort nein, dann machen Sie sich bewußt, daß Sie nicht in die Zukunft schauen können. Zum Zeitpunkt Ihres Handelns waren Sie von der Richtigkeit Ihrer Vorgehensweise überzeugt. Akzeptieren Sie, daß Sie ein fehlerhafter Mensch sind, der von Zeit zu Zeit das Falsche tut.

Schritt 7:
Verhalten von der Person trennen

Wenn Sie tatsächlich etwas getan haben, was Ihren moralischen Grundsätzen widerspricht oder anderen Menschen geschadet hat, dann denken Sie daran, daß Sie nicht dasselbe sind wie Ihr Verhalten. Ihr Verhalten in dieser einzelnen Situation ist ein einziges unter hunderttausenden von Verhaltensweisen, die Sie bisher in Ihrem Leben gezeigt haben.

Was Sie sonst noch tun können, wenn Sie Schuldgefühle verspüren

Im folgenden möchte ich Ihnen noch weitere Strategien an

die Hand geben, die sich bei meinen Klienten bewährt haben. Lesen Sie die Tips durch und probieren Sie aus, welche Ihnen am besten weiterhelfen. Entscheiden Sie sich zunächst für einen Tip und arbeiten Sie mit ihm mindestens 4 Wochen, wenn Sie nicht schon zuvor eine Verbesserung verspüren. Jeder Mensch ist unterschiedlich, so daß sich jeder einzelne sein persönliches Schuldgefühle-Kampf-Programm zusammenstellen muß.

Tip 1:
Jemanden ins Vertrauen ziehen

Sprechen Sie mit einem eng vertrauten Menschen über Ihre Schuldgefühle. Ein manches Mal sind wir so in unserem Gedankenkreislauf gefangen, daß wir keinen Ausweg mehr sehen. Wir glauben, die Situation nur so einschätzen zu können, wie wir es im Augenblick tun. Wir glauben, uns nur genauso fühlen und verhalten zu können, wie wir es tun. Eine Freundin, ein Freund oder auch ein Therapeut können Ihnen dabei helfen, neue Sichtweisen zu entwickeln. Lassen Sie sich dabei nicht von Gedanken lähmen wie: „Wenn der andere erfährt, was du Schlimmes getan hast, wird er dich nie mehr anschauen oder dich vollkommen ablehnen". Dies sind ganz eindeutig Ausläufer Ihres alten Programms. Sicher gibt es Verhaltensweisen, bei denen sich die Umwelt schwertut, sie zu akzeptieren oder zu verzeihen. Aber selbst Mörder können ein Gnadengesuch einreichen. Manchmal findet sogar im Gefängnis eine Heirat mit einem Partner von draußen statt, der in dem Mörder etwas Positives sieht. Geben Sie anderen Menschen eine Chance. Sie sehen höchstwahrscheinlich an Ihnen nicht nur dieses eine Verhalten, weswegen Sie sich so verurteilen. Bitte wagen Sie es und suchen Sie sich einen Vertrauten. Es lohnt sich. Vielleicht machen Sie sich jahrelang Vorwürfe, die völlig überflüssig sind, und verspüren deshalb im Körper Folgen wie etwa: Ängste, Depressionen, Schlafstörungen, Magenprobleme usw. Sie wissen, Ihr Körper selbst kann nicht beurteilen, ob Sie sich umsonst in Spannung und Depressionen versetzen. Er ist nur ausführendes Organ von Ihrem Gedankenprogramm.

Haben Sie zuviel Angst, sich direkt jemandem anzuvertrauen, bleibt Ihnen noch die Möglichkeit, sich an die Telefonseelsorge zu wenden. Die Adresse finden Sie im örtlichen Telefonbuch. Am anderen Ende der Telefonleitung erwartet Sie ein ehrenamtlicher Mitarbeiter, der speziell geschult ist. Ihren Namen brauchen Sie nicht zu nennen.

Tip 2:
Gedanken-Stopp einsetzen

Wenn wir am Anfang unseres Umlernprozesses stehen, kann es sein, daß uns die alten Vorwürfe bei den unpassendsten Gelegenheiten überfallen. Sie rauben uns die Konzentration und Merkfähigkeit. Da hat es sich bewährt, diese Grübelgedanken durch das Denken des Wörtchens „Stopp" - oder wenn Sie unbeobachtet sind - durch lautes Vorsagen des Wörtchens „Stopp, jetzt ist nicht deine Zeit" zu unterbrechen. Dieses Stopp-Signal soll natürlich nicht die Überprüfung der Gedanken ersetzen, sondern uns nur eine Verschnaufpause verschaffen.

Tip 3:
Eine Grübel-Zeit festlegen

Wenn Sie davon überzeugt sind, sich Schuldgefühle machen zu müssen, dann sollten Sie sich überlegen, ob Sie sich wenigstens mehr Kontrolle darüber erlauben wollen. Es wäre eine Möglichkeit für Sie, sich täglich oder einmal in der Woche einen bestimmten Zeitraum, sagen wir beispielsweise von zwei Stunden, einzuräumen, in dem Sie sich mit Ihrer Schuld beschäftigen und sich Vorwürfe machen. Sie sollten dabei den

Zeitpunkt ganz konkret mit den Uhrzeiten festlegen. Mit dieser Strategie gewinnen Sie zum einen Zeit, in der Sie Ihre Energie wieder voll auf das Hier und Heute lenken können, zum anderen zollen Sie Ihrem Wunsch nach Bestrafung Tribut. Probieren Sie es aus, auch wenn es Ihnen zunächst unnatürlich erscheint. Sie werden ziehmlich schnell vergessen, daß Sie sich bewußt einen Zeitpunkt zum Grübeln ausgewählt haben. Besonders in Kombination mit Tip 2, dem Gedanken-Stopp zu den grübelfreien Zeiten, hat sich diese Strategie bewährt.

Tip 5:
Ein Buß-Verhalten bestimmen

Wenn Sie der Meinung sind, Sie brauchen Ihre Schuldgefühle, um sich zu bessern (was irrational ist), dann sollten Sie sich überlegen, was Sie als Buße tun können. Wollen Sie ehrenamtlich tätig sein, einer Hilfsorganisation etwas spenden, sich entschuldigen, eine gute Tat vollbringen, anderen Menschen, die ebenfalls vor diesem Problem stehen, helfen? Suchen Sie sich ein konkretes Verhalten aus, das Sie als ausreichendes „Strafmaß" für sich ansehen, und werden Sie dann aktiv. Schuldgefühle, die Sie dazu führen, ein „besserer Mensch" zu werden, sind hilfreich, (jedoch nicht notwendig).

Tip 6:
Ein Ende der Schuldgefühle-Zeit bestimmen

Bestimmen Sie einen Zeitraum, den Sie sich für Ihre Schuldgefühle zugestehen. Beispielsweise könnten Sie entscheiden, sich einen Monat lang täglich Vorwürfe zu machen. Das mag Ihnen zwar anfangs etwas künstlich vorkommen, doch Sie werden sich an dieses Ritual gewöhnen. Auch hier ist es das Ziel, Kontrolle über die Schuldgefühle zu bekommen und schließlich ein Ende zu finden.

Tip 7:
Vorwürfe loslassen

Eine der Strategien, die sich für mich persönlich als besonders hilfreich erwiesen hat, ist die folgende. Ich neige auch dazu, Gedankenkarussell zu fahren und „wiederzukäuen", d.h. mir Fehler nur schwer zu verzeihen. Habe ich mich bei einem schwerwiegenden Fehler ertappt, kommt auch heute noch bei mir das alte Programm zum Vorschein: „Wie konntest du nur ... Das hätte dir nicht passieren dürfen". Ich erwidere dann innerlich:

„Ich habe so gehandelt, weil ich es in diesem Moment für richtig hielt. Ich bedaure, daß mir das passiert ist, aber ich kann eben nicht immer alles richtig machen. Ich bin als Mensch fehlerhaft geboren. Ich habe mein Bestes gegeben, was mir in diesem Augenblick möglich war. Ich kann nur nach dem handeln, was mir in diesem Augenblick einfällt und was ich bis zu diesem Augenblick an Erfahrung gesammelt habe, auch wenn es möglicherweise bessere Wege gibt". Wenn danach mein altes Programm wiederauftaucht, sage ich mir immer wieder nur diesen Satz: „Ich bin bereit loszulassen. Ich habe getan, was mir in diesem Moment möglich war". Ein manches Mal brauche ich einige Stunden, manchmal auch ein bis zwei Tage, bis ich auch gefühlsmäßig die Entspannung spüre. Doch ich weiß, daß ich mir verzeihen kann, und arbeite daran, bis ich sie auch spüre.

Tip 8:
Das Ausmaß des Fehlers überprüfen

Ein manches Mal übertreiben wir das Ausmaß unseres Fehlers und denken, wir hätten die schlimmste Katastrophe der Welt mit unserem Verhalten ausgelöst. Wir sehen unser Verhalten wie durch eine Lupe, die aus einer Ameise einen Elefanten macht. Dann hilft uns die Frage: „Haben wir jemanden in Lebensgefahr gebracht?", uns wieder auf den Teppich herunterzuholen und den Fehler in seiner richtigen Relation zu sehen.

Der Therapeut Dr. Dryden schlägt folgende Methode vor, um das Ausmaß unseres „Vergehens" einzuschätzen:

Nehmen Sie eine Seite Ihres Notizbuches und ziehen Sie längs von oben nach unten eine Linie. Teilen Sie die Linie in 5 gleiche Teile. Am oberen Ende der Linie schreiben Sie 100%, dann an den nächsten Strich 75%, dann 50%, 25% und 0%.

100% schlimm
 75%   „
 50%   „
 25%   „
  0%   „

Überlegen Sie nun, wo Sie Ihren Fehler ansiedeln würden. Wie schlimm schätzen Sie Ihren Fehler ein? Machen Sie an dieser Stelle ein Kreuz auf der Linie. Dann überlegen Sie, welches das schlimmste denkbare Vergehen, das jemals jemand begehen könnte, ist. Dies notieren Sie bei 100%. Suchen Sie dann nach Vergehen, die Sie den einzelnen Prozentzahlen (75, 50, 25, 0%) zuordnen können. Nachdem Sie diese auch im Schaubild eingetragen haben, gehen Sie wieder zurück zu Ihrem Vergehen. Versuchen Sie, so objektiv wie nur möglich zu sein, und vergleichen Ihr Vergehen mit dem schlimmstmöglichen und allen anderen Vergehen auf der Liste. Entscheiden Sie nun neu, wo Sie Ihr Fehlverhalten einordnen würden. Meist wird Ihre zweite Bewertung weniger „schlimm" ausfallen als die erste.

Tip 9:
Sich selbst verzeihen

Stellen Sie sich vor einem Spiegel auf und schauen Sie sich in die Augen. Sprechen Sie sich mit Ihrem Vornamen an und sagen Sie laut zu sich: „ ... (Ihr Vorname), ich bin bereit, dir zu verzeihen. Du hast getan, was dir in diesem Moment richtig erschien".

Vielleicht mögen Sie diese Übung auf den ersten Blick lächerlich finden oder einen Widerstand empfinden, sie nicht ausführen zu können. Ich möchte Sie dennoch bitten, sie mehrmals durchzuführen und dann zu entscheiden, ob Sie damit aufhören möchten. Es ist eine der wirkungsvollsten Übungen, die ich kenne.

Sie haben zum Ziel, Ihren inneren Frieden wiederzufinden. Dazu gehört, daß Sie sich Ihr „Vergehen" verzeihen. Besonders bei dieser Übung werden Sie einen Widerspruch zwischen Kopf und Bauch (Umlernprozeß Stufe 3) empfinden. Das ist ganz normal. Lassen Sie sich nicht dadurch abhalten. Verzeihen heißt nicht, daß Sie Ihr Verhalten gutheißen müssen, sondern lediglich, daß Sie sich zugestehen, auch einen Fehler, oder gerade diesen Fehler gemacht zu haben.

Tip 10:
Vorwürfe durch Bedauern ersetzen

Nehmen Sie nochmals Ihre Liste mit Ihren Selbstvorwürfen zur Hand (s. Schritt 2). Ersetzen Sie jeden Satz, der mit „Ich werfe mir vor ..." „Ich habe habe schuld, daß ..." „Ich hätte nicht ..." durch die Formulierungen: „Es tut mir leid, daß ..." „Ich bedauere, daß ..." „Es war ein Fehler, daß ich ..." „Ich war nicht fähig, anders zu handeln. Ich habe getan, was mir zu diesem Zeitpunkt möglich war. Ich bin nur ein Mensch, der wie alle anderen Menschen Fehler macht. Ich bin bereit, mir zu verzeihen".

Tip 11:
Zur Beichte gehen

Wenn Sie gläubig sind, dann bietet Ihnen Ihr Glauben Möglichkeiten, sich von Ihrer Schuld zu befreien. Sie können beten, zum Abendmahl oder zur Beichte gehen oder in der Kirche Kerzen anzünden und um Vergebung bitten.

Wenn Sie beichten und der Priester Ihnen im Namen Gottes Ihre Sünden vergibt, dann werden Sie Ihre Schuldgefühle nur überwinden, wenn Sie sich sagen: „Gott hat mir vergeben, also kann auch ich mir vergeben". Behalten Sie Ihre ungesunde Einstellung: „Ich hätte mich nicht so ... verhalten sollen. Da ich mich so verhalten habe, bin ich ein schlechter Mensch", bei, werden Sie auch nach der Absolution weiterhin Schuldgefühle verspüren.

Tip 12:
Mit anderen vergleichen

Überlegen Sie: Was würden Sie einem anderen Menschen sagen, der zu Ihnen kommen und Ihnen sagen würde, er mache sich große Vorwürfe wegen genau derselben Sache, wegen der Sie sich auch Vorwürfe machen? Würden Sie ihn genauso verurteilen wie sich selbst? Häufig gehen wir nämlich mit anderen Menschen wesentlich nachsichtiger um als mit uns selbst. Würden Sie für ihn beruhigende und hilfreiche Worte finden? Dann sollten auch Sie sich mit dieser Milde und demselben Verständnis behandeln. Wenn Sie zu anderen nett und freundlich sind, dann sollten Sie es auch zu sich sein. Das ist nur gerecht, und das wollen Sie doch sein, oder? Was Sie anderen verzeihen, können Sie auch sich verzeihen. Oder wollen Sie etwas „Besseres" sein?

Tip 13:
Ihr Verhalten in Relation setzen

Überlegen Sie, wie wichtig Ihr „schlimmes" Verhalten wäre, wenn Sie nur noch einen Tag zu leben hätten. Höchstwahrscheinlich würden Sie dann Ihr Verhalten als weit weniger bedeutungsvoll und schlimm bewerten. Sie würden Ihren Tag nicht sinnlos mit Selbstvorwürfen verbringen wollen. Eine andere Möglichkeit, um Verhaltensweisen in der Bedeutung wieder richtig einzuschätzen, ist, sich an alle Verhaltensweisen zu erinnern, die man bisher in seinem Leben als richtig eingestuft hat. Auch damit wird diese eine Verhaltensweise zwar nicht ungeschehen gemacht, aber ihre Aussagekraft und Bedeutung reduziert.

Setzen Sie diese Strategie ein, auch wenn Sie jetzt vielleicht denken: „Bei mir ist das anders. Genau dieses eine Verhalten hat mein ganzes Leben umgekrempelt." Dieses Verhalten mag in seinen Auswirkungen Ihr Leben vollkommen verändert haben, aber es kann nicht alles, was Sie jemals im Leben getan und bewirkt haben, zunichte machen. Auch wenn dieses Fehlverhalten Ihr Leben vollkommen verändert, ist es nur ein einziger Fehler, den Sie gemacht haben. Und Menschen machen immer wieder Fehler, solange sie leben.

Tip 14:
Nach den Ursachen suchen, statt sich zu verurteilen

Mit dem Vorwurf: „Ich hätte nicht ... tun sollen", „Das hätte mir nicht passieren sollen" tun wir so, als ob wir die Gesetze des Universums umdrehen könnten. Wir haben genau die passenden Gedankengänge gehabt, das Wissen, was notwendig war, um uns so zu verhalten, wie wir es getan haben. Ein anderes Beispiel hierzu: Angenommen Sie kochen Pellkartoffeln. Nach Ende der Kochzeit beschweren Sie sich, daß kein Reis im Topf ist. „Es hätte doch Reis gekocht werden sollen und keine Kartoffeln". Obwohl Sie alles Notwendige getan haben, um Pellkartoffeln zu erhalten, fordern Sie im nachhinein unrealistischerweise, daß gekochter Reis herauskommen sollte. Auch wenn dieses Beispiel für Sie vielleicht etwas weit hergeholt erscheinen mag, beschreibt es genau unsere Denkweise, die wir bei der Erzeugung von Schuldgefühlen zeigen. Wir verlangen etwas Unmögliches. Auch wenn es besser, richtiger, angemessener gewesen wäre, uns anders zu verhalten, wir konnten es nicht tun. In dem Augenblick, in dem wir uns falsch verhalten haben, haben wir es nicht anders gewußt oder gesehen. Statt uns zu verurteilen, sollten wir deshalb nach den Ursachen für unser Verhalten suchen. Was haben wir in diesem Moment gedacht? Was haben wir in diesem Moment an Wissen gehabt? Wir können Ereignisse nicht vorhersehen und deshalb nur nach dem entscheiden, was uns in diesem Augenblick an Wissen zugänglich ist.

Tip 15:
Akzeptieren Sie Ihre Schuldgefühle

Viele Menschen, die erfahren, daß sie ihre Schuldgefühle selbst erzeugen und dafür verantwortlich sind, beginnen, sich nun auch noch für ihre Schuldgefühle zu verurteilen. Sie werfen sich vor, trotz ihres Wissens, daß Schuldgefühle schädlich sind, noch Schuldgefühle zu machen. Ihre Einstellung lautet: „Ich sollte keine Schuldgefühle mehr haben, denn sie sind schädlich." Plötzlich haben sie zwei Probleme am Bein:
1. Schuldgefühle und
2. Ärger über ihre Schuldgefühle und Selbstverurteilung.
   Die Lösung des Problems lautet: Korrektur Ihrer Einstellung, etwa so: „Veränderungen dauern länger. Wenn ich genügend übe, werden die Schuldgefühle sich auch auflösen. Ich bin ein fehlerhafter Mensch und deshalb mache ich nicht immer alles richtig."

Wie Sie in Zukunft Schuldgefühle vermeiden können

Tip 16:
Perfektionistische Forderungen streichen

Streichen Sie aus Ihrem Wortschatz Redewendungen wie: „Ich

95

soll ..., ich muß ..., ich darf nicht ..." Ersetzen Sie diese Forderungen durch Wünsche. Sagen Sie sich: „Es wäre besser für mich, wenn ..." „Ich würde gerne ..." Sagen Sie sich beispielsweise: „Es wäre schön, wenn ich keinen Fehler machen würde" statt „Ich darf keinen Fehler machen". Sagen Sie: „Ich bemühe mich, meinen Eltern gegenüber toleranter zu sein" statt „Ich muß meinen Eltern gegenüber tolerant sein". Formulieren Sie: „Ich arbeite daran, nicht mehr meine Kinder anzuschreien" statt „Ich darf meine Kinder nie mehr anschreien".

Tip 17:
„Müßte" und „sollte" durch „möchte" ersetzen

Die Redewendungen „Ich sollte ..." oder „Ich müßte ..." führen häufig zu Rebellion, Schuldgefühlen oder zu Depressionen und Unzufriedenheit. Uns bleiben nur zwei Alternativen:
1. Entweder wir tun etwas, was wir wollen, aber nicht dürfen, dann lehnen andere uns ab und wir haben Schuldgefühle, (Rebell). Oder
2. wir tun nicht, was wir wollen, dann sind wir unzufrieden und innerlich wütend oder depressiv (Anpasser).

Gehen Sie deshalb vorsichtig mit Ihren Formulierungen um. Ersetzen Sie: „Ich muß, weil ich dazu verpflichtet bin" durch „Ich werde es tun, weil ich mich dazu entschlossen habe". Ersetzen Sie: „Ich sollte es tun, weil man es von mir erwartet" durch „Ich will es tun, weil es in meinem besten Interesse ist". Ersetzen Sie: „Ich werde es tun, weil ich es muß" durch „Ich möchte es gerne tun."
Trainieren Sie sich darin, sich die Wahrheit zu sagen, sonst erzeugen Sie sich auch hier unnötigerweise negative Gefühle. Es gibt in der Tat keine Situation, in der Sie nicht mindestens die Wahlfreiheit zwischen 2 Alternativen haben. Selbst wenn Ihnen ein Einbrecher die Pistole an die Schläfe halten würde, könnten Sie noch zwischen Geld oder Leben wählen (natürlich nur, sofern er sie vorher danach fragt).

Glücklicherweise werden wir jedoch nicht jeden Tag mit einem Mörder konfrontiert. In unserem Alltag haben wir es eher mit Situationen zu tun, in denen unser Partner, Kollege, Freund oder unsere Eltern ihre Forderungen an uns stellen. Hier haben wir Kontrolle. Sie können uns zu nichts zwingen, wenn wir uns nicht dazu entscheiden.

Eine neue Einstellung zu sich und anderen entwickeln

Menschen, die starke Minderwertigkeitsgefühle haben, sind besonders gefährdet, sich Schuldgefühle zu machen. Hier beißt sich die Katze in den Schwanz.

Wenn wir uns minderwertig fühlen, dann interpretieren wir Kommentare und Verhalten anderer eher als Kritik und Abwertung. Infolgedessen fühlen wir uns schuldig, was wiederum zu größeren Minderwertigkeitsgefühlen führt. Dann haben wir Angst, andere könnten erkennen, was für schlechte Menschen wir sind, und getrauen uns nicht, anderen etwas abzuschlagen, nein zu sagen, berechtigte Forderungen durchzusetzen, usw.

Der Selbstabwertungs-Schuld-Kreislauf

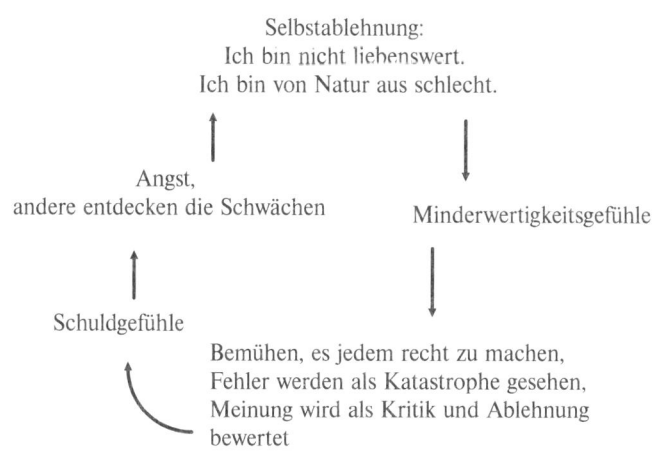

Es ist deshalb sinnvoll, sich ein größeres Selbstvertrauen aufzubauen. Hierzu können wir an den Bereichen, die uns für Schuldgefühle empfänglich machen, ansetzen: Selbstabwertung, Streben nach Perfektion, Sensibilität gegenüber den Bedürfnissen anderer, Verantwortung für die Gefühle anderer übernehmen (s. Kapitel 5).

Nehmen Sie sich selbst mit Stärken und Schwächen an

Die Erziehung konzentriert sich meist auf das, was wir noch nicht können, auf Kritik und Tadel wegen bestimmer Verhaltensweisen. Wir lernen daraus entweder, uns nur noch negativ zu sehen, oder zumindest mit Lob äußerst sparsam umzugehen. Regeln wie: „Ich muß bescheiden sein", „Eigenlob stinkt", hat sicher jeder von uns in der Kindheit gehört. Als Erwachsene tragen wir beständig eine Liste mit uns im Kopf herum, die unsere Fehler und Schwächen beinhaltet. Wir übersehen meist, was uns gelingt und uns auszeichnet. Wir müssen erst wieder lernen, sowohl Stärken als auch Schwächen an uns wahrzunehmen.

Stellen Sie eine Liste von den Eigenschaften, Fähigkeiten und Verhaltensweisen zusammen, die Sie an sich mögen, und eine davon, was Ihnen nicht gefällt.

„Mir gefällt an mir, daß ich ..." „Mir gefällt nicht an mir, daß ich ..." Sie sollten mindestens 10 Punkte in jeder - die Betonung liegt auf „jeder" - der beiden Listen notieren. Es kann sein, daß Sie bei der positiven Liste Schwierigkeiten bekommen. Ihr altes Programm erzählt Ihnen vielleicht, daß man sich nicht selbst loben darf, daß Sie gar keine 10 positiven Eigenschaften haben. Lassen Sie nicht locker. Die Aufgabe lautet nicht, daß Sie 10 Eigenschaften finden sollten, die sonst niemand auf der Welt hat, oder 10, die Sie immer und überall zeigen, oder 10, die jeder bei Ihnen erkennen kann. Sie sollen lediglich 10 Eigenschaften finden, die Sie im Augenblick als positiv ansehen, die Sie schon einmal gezeigt haben. Es gibt ohnehin keine Eigenschaften, die jeder zu jedem Zeitpunkt positiv sieht. Dies ist eine rein persönliche Bewertung.

Wenn Sie ganz mutig sein möchten, dann stellen Sie einem oder mehreren Freunden die Frage, was ihnen an Ihnen gefällt. Doch Vorsicht: Nicht gleich die Komplimente mit dem Kommentar abwerten: „Wenn ich ihn schon nach Positivem fragen muß, dann sagt er das nur mir zum Gefallen. In Wirklichkeit sieht er mich ja doch negativ". Mit 100%iger Sicherheit sieht er Sie nicht negativ, sonst würde er die Freundschaft mit Ihnen aufkündigen.

Mit der Auflistung negativer Eigenschaften, Fähigkeiten und Verhaltensweisen dürften Sie wahrscheinlich keine Probleme haben, denn darin sind Sie geübt.

Haben Sie die beiden Listen erstellt, dann sollten Sie folgende Einstellung hierzu entwickeln: „Ich bin bereit, mich mit meinen Stärken und Schwächen zu akzeptieren - für den Augenblick. Ich kann an meinen Schwächen arbeiten, um sie zu verändern."

Sollten Sie zu denjenigen gehören, die allzuleicht und gerne ihre Stärken wieder vergessen, dann machen Sie es sich zur Angewohnheit, die Positivliste täglich durchzulesen. Weitere Übungen zum Aufbau Ihres Selbstvertrauens finden Sie in dem Buch von Rolf Merkle: So gewinnen Sie mehr Selbstvertrauen.

Geben Sie die Forderung nach Fehlerlosigkeit auf

Unser Streben nach Fehlerlosigkeit und Perfektionismus haben wir meist in der Kindheit gelernt. Wir haben die Einstellung entwickelt: „Ich muß perfekt sein, darf keine Fehler machen. Nur dann werde ich gemocht und kann mich selbst mögen." Wir haben begonnen, in Entweder-Oder-Maßstäben zu denken: „Entweder bin ich ein guter oder ein schlechter

Mensch". Den Wert unserer Person machen wir von einzelnen Verhaltensweisen abhängig. Wir tun so, als ob ein einzelnes Verhalten auf magische Weise unsere gesamte Person verwandeln könnte. Um uns aus diesem falschen Gedankenkreislauf zu lösen, benötigen wir eine neue Einstellung.

Ein einzelnes Verhalten kann niemals unsere Person in Frage stellen. Stellen wir uns zur Verdeutlichung einen Kreis vor, in dem alle unsere Verhaltensweisen, die wir jemals gezeigt haben, als Punkt versinnbildlicht sind. Ein „schlechtes" Verhalten wird ebenso in einem Punkt dargestellt wie ein „richtiges" Verhalten. Verhalten wir uns in einer Situation entgegen unserer moralischen Prinzipien, so verändert sich hierdurch lediglich ein einzelner Punkt unserer Person. Von unserem Fehlverhalten unberührt bleiben all die vergangenen und auch die zukünftigen Punkte, die wir noch im Kreis vermerken werden.

So wie ein fauler Apfel nicht den Apfelbaum verändert, verändert ein falsches Verhalten uns nicht als Person.

Es gibt keinen einzigen Menschen, der sich immer und überall „schlecht" oder „falsch" verhält. Ebensowenig gibt es einen Menschen, der sich immer und überall „gut" oder „richtig" verhält. Jeder Mensch hat negative, positive und neutrale Eigenschaften und zeigt negative, positive und neutrale Verhaltensweisen. Wir Menschen werden unwissend geboren. Wir können nicht in die Zukunft sehen und müssen uns unsere Fähigkeiten durch Erfahrung aneignen. Viele Fähigkeiten können wir uns nur durch Fehler und deren Korrektur erwerben. Deshalb ist die Forderung, „uns immer richtig zu verhalten", eine Forderung, die für uns unerfüllbar ist. Wir können lediglich danach streben, uns möglichst häufig richtig zu verhalten (s. hierzu auch Kapitel 6).

Wir können Menschen nicht in gute und schlechte Menschen einteilen. Hierzu müßte es einen eindeutigen allgemeingültigen Maßstab geben, was wir als gut und schlecht bewerten. Außerdem müßten wir bei allen Menschen den gleichen

Zeitpunkt wählen, an dem wir deren gute und schlechte Taten zählen würden. Menschen leben jedoch unterschiedlich lange und haben auch unterschiedliche Startbedingungen. Deshalb ist es nicht sinnvoll, uns selbst in ein gutes oder schlechtes Kästchen sortieren zu wollen. Bleiben Sie dabei, lediglich Ihr Verhalten zu beurteilen und nicht Ihren Wert als Mensch.

Es ist absolut unmöglich, alle moralischen Grundsätze immer und überall zu erfüllen. Deshalb ist es ganz sinnvoll, sich Prioritäten zu setzen. Welche Grundsätze sind für Sie absolut unerläßlich und Sie setzen alles daran, sie zu befolgen? Welche sind erstrebenswert, aber Sie erlauben sich gelegentlich Aussetzer? Manchmal werden sich in einer Situation auch zwei Prinzipien widersprechen. Sie müssen sich dann für die Befolgung eines Vorsatzes entscheiden und akzeptieren, daß Sie gegen den anderen verstoßen.

Setzen Sie die Sensibilität gegenüber den Problemen anderer behutsam ein

Menschen müssen gegenseitig Rücksicht nehmen und Interesse aneinander haben, damit ein Zusammenleben gut funktioniert. Doch manche Menschen habe sich so darauf spezialisiert, Appelle, Hilferufe und Wünsche bei ihrem Gegenüber herauszuhören, daß sie sich selbst vergessen. Sie sind nur noch darauf bedacht, es anderen recht zu machen und diese zufriedenzustellen. Ihre eigenen Bedürfnisse behandeln sie zweitrangig oder spüren sie gar nicht mehr. Der Umwelt ist ein solches Verhalten hochwillkommen. Meist nutzt sie es gehörig aus, solche bemühten, netten, hilfsbereiten Menschen in ihrem Kreis zu haben. Wenn die Helfer Glück haben, fällt für sie ab und zu ein Lob ab. Wenn sie Pech haben, bekommen sie nur Enttäuschung und Tadel, falls sie mal am Ende ihrer Kräfte sind und nicht mehr können. Der Motor, der die Helfer und Märtyrer antreibt, ist der Wunsch, Anerkennung zu bekommen, gebraucht zu werden und ein guter Mensch zu sein. <Selbstaufopferung ist eine Tugend>, so lautet ihr Motto.

Sie können durch ihr Verhalten Schuldgefühle vermeiden („Ich tue niemandem weh, bin nicht aggressiv") und ihr Selbstwertgefühl aufbauen. Doch der Preis ist hoch. Meist zahlen sie mit körperlicher Erschöpfung und der Nichterfüllung ihrer Bedürfnisse. Sie bleiben zurück mit Enttäuschung, daß kein Dank zu hören ist, und daß andere ihnen nicht helfen, wenn es ihnen mal schlecht geht. („Warum muß ich immer ..., die könnten mir doch auch mal ..."). Zaghafte Vorwürfe führen dann zu der Gegenreaktion: „Du hast das doch freiwillig gemacht. Du wolltest gar nicht, daß wir dir helfen".

Was können Sie nun tun, um aus diesem Kreislauf auszubrechen? Bauen Sie zwischen der Wahrnehmung von Hilfsappellen anderer und Ihrem hilfsbereiten Verhalten nochmals ein paar Fragen ein: „Möchte ich wirklich helfen?" „Braucht er mich wirklich?" „Bin ich der einzige, der helfen kann?" „Ist der andere in Lebensgefahr?"

Erlauben Sie sich, nein zu sagen. Sie haben das Recht, auch an sich zu denken und Wünschen anderer nicht nachzukommen. Sie werden hierdurch nicht zu einem rücksichtslosen egoistischen Menschen. Zur Erinnerung:

- Ein selbstsüchtiger, rücksichtsloser Mensch schaut nur nach sich selbst und schert sich überhaupt nicht um die Bedürfnisse und Gefühle anderer. Er bemüht sich nicht darum, anderen bei der Erfüllung ihrer Bedürfnisse zu helfen, verzichtet wegen anderer nicht einmal auf noch so kleine Wünsche.
- Ein selbstaufopfernder Mensch glaubt, an sich zu denken, sei schlecht. Er stellt seine Bedürfnisse immer hinter die anderer und ist glücklich, wenn er anderen helfen kann.
- Ein Mensch mit Selbstachtung bezieht eigene Wünsche und die anderer in seine Überlegungen ein. Er sieht es nicht als schlimm an, eigenen Wünschen ab und zu den Vorrang zu geben. Solange die Bedürfnisse anderer nicht

vehement eigenen Vorstellungen widersprechen, berücksichtigt er sie.

Solange der andere nicht in Lebensgefahr ist, dürfen Sie auf jeden Fall nein sagen. Besteht Lebensgefahr, müssen Sie dies mit Ihrem Gewissen in Einklang bringen.

Erinnern Sie sich daran: Einmal nicht zu helfen, ergibt nur einen einzigen Punkt in Ihrem Kreis (s. oben). Andere Menschen können ohne Sie leben. Ob Sie Anerkennung für Ihr Tun erhalten, ist nur eine vage Hoffnung. Wenn Sie sich bis an den Rand der Erschöpfung manövrieren, können Sie niemandem mehr helfen. Sie haben auch die Verantwortung, für Ihr körperliches und seelisches Wohlbefinden zu sorgen.

Unsere Umwelt stellt Ansprüche und Forderungen an uns, die nicht immer angemessen sind, aber gut in deren Lebenskonzept passen. Wir haben das Recht, diese Forderungen zu prüfen und sie abzulehnen. Deshalb brauchen wir uns nicht mit Schuldgefühlen zu bestrafen. Vorwürfe „Du bist egoistisch" aus dem Mund der anderen, bedeuten nicht, daß wir egoistisch sind. Jemand, der solch einen Vorwurf macht, ist selbst egoistisch. Er will seine eigenen Interessen durchsetzen und uns mit Schuld manipulieren. Auch hier gilt wieder: Aus einem einzelnen Verhalten können wir niemals ableiten, daß wir für alle Zeiten egoistisch und rücksichtslos sind. Wer uns nur liebt, weil wir ihm seine Wünsche erfüllen, ist auch kein Freund, den wir halten müssen.

Lehnen Sie Schuldgefühle ab. Wenn andere Ihnen Schuldgefühle einreden wollen, dann setzen Sie ihnen Grenzen: „Ich habe schon so oft ... Dieses Mal ... nicht. Ich bin dir gerne dabei behilflich, eine andere Lösung zu finden. Ich verstehe, daß du jetzt enttäuscht bist." Eine faire Freundschaft besteht darin, daß die Bedürfnisse beider Parteien berücksichtigt werden. Auch Sie wurden schon von anderen enttäuscht und konnten damit leben. Also kann der andere auch mal aushalten, daß seine Wünsche nicht erfüllt werden.

Die wenigsten von uns lernen in der Kindheit schon das ABC der Gefühle kennen. Stattdessen hören wir, daß wir andere ärgerlich und traurig machen, verletzen und kränken können, daß wir anderen Angst einjagen und sie eifersüchtig machen können. Das stimmt natürlich nicht. Wir haben keine Kontrolle über die Gefühle anderer, sondern üben nur einen Einfluß aus. Um andere zu verletzen, müssen wir etwas sagen oder tun, UND der andere muß das als Angriff und Kränkung auffassen. Um andere zu enttäuschen, müssen wir etwas sagen oder tun, UND der andere muß sich bestimmte Erwartungen gemacht haben, die wir nicht erfüllen. Damit wir und unser Gegenüber zufrieden sind und eine gute Atmosphäre herrscht, müssen beide Parteien dazu beitragen.

Kehren wir zu unserem Ausgangspunkt zurück: Was hat all das mit Schuldgefühlen zu tun? Viele unserer Schuldgefühle kommen zustande, weil wir uns für die Gefühle der anderen verantwortlich fühlen. Wir werfen uns vor, unser Gegenüber gekränkt, verletzt, verärgert, enttäuscht, deprimiert zu haben. Wenn wir aber in Wirklichkeit gar keine Kontrolle über die Gefühle anderer haben, machen wir uns die Schuldgefühle völlig umsonst. Wie sollen wir in Zukunft mit den Gefühlen anderer umgehen?

Stellen Sie sich die Frage: „Fühle ich mich schuldig wegen der Gefühle und wegen des Verhaltens anderer Menschen?" „Mache ich mir Vorwürfe dafür, wie es meinem Partner, meinem Kind, meinem Geschäftskollegen geht?" Wenn ja, dann machen Sie sich bewußt: „Ich kann nicht bestimmen, wie andere sich fühlen und verhalten. Ich kann nur meine Gefühle und mein Verhalten 100%ig steuern. Wenn andere beleidigt sind, sich durch mein Verhalten gekränkt fühlen, deprimiert sind oder sich zu ihrem Nachteil verhalten, dann bedaure ich das. Da ich jedoch nicht die Gefühle und das Verhalten anderer kontrollieren kann, brauche ich mir deshalb auch keine

Schuldgefühle zu machen. Es tut mir leid, wenn ein anderer mein Verhalten zum Anlaß nimmt, um sich darüber zu kränken und deprimiert zu machen."

„Sollen wir anderen gegenüber denn gleichgültig oder gar rücksichtslos werden?" Nein, ganz und gar nicht. Es geht nicht darum, daß es Ihnen gleichgültig ist, wie es anderen Menschen geht. Es ist schade, wenn sich andere Menschen durch ihr negatives Denken Probleme machen. Sie können das jedoch nicht verhindern. Selbstverständlich können Sie Rücksicht nehmen, wenn Sie wissen, daß ein anderer auf bestimmte Worte empfindlich oder allergisch reagiert. Selbstverständlich ist es für ein erfolgreiches Zusammenleben notwendig, daß mal Sie, mal Ihr Gegenüber dem anderen zuliebe eigene Bedürfnisse zurückstellen. Nur Sie können jedoch entscheiden, wieviel Rücksicht Sie nehmen, wie stark Sie auf die Wünsche des Gegenübers eingehen wollen. Gleichgültig jedoch wie sehr Sie sich bemühen, es anderen recht zu machen, es wird Ihnen nie 100%ig gelingen. Dazu müßten Sie in die Köpfe der anderen hineinschauen können und wissen, wie diese denken. Sie müßten wissen, wie der andere eingestellt ist. Außerdem würden Sie sich selbst aufgeben müssen, damit es anderen gutgeht, denn unterschiedliche Menschen haben unterschiedliche Bedürfnisse (s. auch Kapitel 6).

Rechnen Sie mit Mißverständnissen und Enttäuschung

Unterschiedliche Menschen haben unterschiedliche Erwartungen und Bedürfnisse. Es ist deshalb absolut unmöglich, Enttäuschungen zu vermeiden. Geben Sie in der Partnerschaft einen Wunsch auf, werden Sie enttäuscht sein. Verzichtet Ihr Partner, wird er enttäuscht, vielleicht auch ärgerlich sein. Wie stark jeder von Ihnen beiden reagiert, hängt von der jeweiligen Bewertung ab. „Immer muß ich zurückstecken" führt zu Ärger oder Depression, „Schade, aber das nächste Mal machen wir es nach meinen Vorstellungen" führt zu einer leichten Enttäuschung. In einer Partnerschaft oder Beziehung generell sollte ein Gleichgewicht bestehen: Jeder hat den Eindruck, manche Wünsche erfüllt zu bekommen und auf manche zu verzichten. Es ist unrealistisch zu erwarten, daß Sie immer für Harmonie sorgen können. Wenn Sie selbst immer zurückstecken, werden Sie zumindest im Innern irgendwann auch unzufrieden sein oder sich schlecht fühlen.

Entwickeln Sie eigene Maßstäbe, was Sie bereit sind, für eine Freundschaft, für die Partnerschaft oder die Eltern zu tun. Wenn Sie Ihr Verhalten danach richten, wann Ihr Verhalten bei den anderen Beifall findet, werden Sie nur noch nach den Bedürfnissen anderer leben können. Sie werden sich selbst vergessen.

Wenn Sie eigene Regeln formulieren, werden Sie auch Wut, Enttäuschung und Traurigkeit bei Ihrem Gegenüber erleben. Erinnern Sie sich dann daran, daß Ihr Gegenüber seine Gefühle durch seine Selbstgespräche, Erwartungen und Bewertungen hervorruft und natürlich auch verändern kann.

Sie haben ein Recht auf Ihre Gefühle. Sie dürfen ärgerlich, ängstlich, gekränkt, verletzt, neidisch, eifersüchtig usw. sein. Ihre Gefühle entstehen, weil Sie sich entsprechende Gedanken machen. Sie können sich entscheiden, wie Sie damit umgehen, ob und wie Sie sie anderen gegenüber äußern. Gefühle als solche sind nicht gefährlich für andere.

Bemühen Sie sich, sich anderen Menschen gegenüber respektvoll zu verhalten. Doch akzeptieren Sie sich auch, wenn Sie mal aus der Rolle fallen. Menschen verhalten sich nun mal nicht immer so, wie es für unser Zusammenleben am besten ist. Verwenden Sie Ihre Energien darauf, herauszufinden, weshalb Sie sich unangemessen verhalten haben und wie Sie es in Zukunft verhindern können.

Erinnern Sie sich daran: Sich in einer Situation nicht nach

den Vorstellungen eines anderen zu verhalten, bedeutet nicht, daß er uns gleichgültig ist oder wir ihn nicht mehr lieben.

Sie brauchen die Anerkennung anderer nicht. Sie können es aushalten, auch mal abgelehnt zu werden. Deshalb können Sie es als Erwachsener auch riskieren, Verhaltensweisen zu zeigen, die den Vorstellungen anderer zuwiderlaufen.

Wenn ein anderer Sie ablehnt, sagt das lediglich etwas über dessen Meinung, dessen Erwartungen aus. Seine Erwartungen sind geprägt durch seine Lebenserfahrungen, seine moralischen Grundsätze und seine momentane Sichtweise. Die Ablehnung sagt in erster Linie etwas über ihn aus, nicht über Sie. Sie sind deshalb keine ablehnenswerte Person. Versuchen Sie herauszufinden, weshalb der andere eine solche Meinung entwickelt hat, anstatt sich für Ihr Verhalten zu verurteilen.

Ein Text für Ihren inneren Frieden

Zum Abschluß möchte ich Ihnen noch einen Text vorschlagen, den Sie täglich, mindestens 30 Tage lang durchlesen sollten. Noch besser ist es, Sie sprechen den Text auf Band und hören dieses täglich an:

„Ab heute entscheide ich mich dafür, mir keine Schuldgefühle mehr zu machen. Ich weiß, daß ich ein Mensch bin und daß ich wie alle Menschen fehlerhaft bin. Da ich nicht in die Zukunft schauen kann, ist es mir nicht möglich, immer nur das Richtige zu tun. Ich kann immer nur aufgrund meines Wissens und meiner Erfahrungen Entscheidungen treffen. Da ich nicht vollkommen bin, tue ich manchmal das Falsche. Manchmal verhalte ich mich aber auch falsch, weil ich mich von meinen Gefühlen leiten lasse. Gleichgültig aber aus welchen Gründen ich das Falsche tue, ich werde mich weigern, mir im nachhinein Schuldgefühle zu machen. Was geschehen ist, ist geschehen. Ich kann mein Fehlverhalten bedauern und mich bemühen, es zu

korrigieren, aber ich kann es nicht rückgängig machen. Ich habe mich so verhalten, wie ich es unter den gegebenen Umständen für richtig hielt. Ich habe mein Bestes gegeben. Ich bin kein schlechter Mensch, nur weil ich mich falsch verhalten habe.

Wenn andere beleidigt, verärgert oder verletzt auf mein Verhalten reagieren, dann bedaure ich das. Ich bin jedoch nicht an den Reaktionen der anderen schuld. Diese haben sich selbst über mein Verhalten aus der Fassung gebracht.

Jeder Mensch bestimmt selbst, wie er sich fühlt. Ebensowenig, wie andere meine Gedanken und Gefühle kontrollieren können, kann ich deren Gedanken und Gefühle kontrollieren. Auch wenn ich mich noch so sehr darum bemühe, es anderen immer recht zu machen, kann es passieren, daß diese ärgerlich werden oder sich verletzt fühlen. Ich werde ihnen dann erklären, warum ich mich so verhalten habe. Ich werde mich jedoch weigern, mir deshalb Schuldgefühle zu machen. Wenn andere mir Vorwürfe machen und mich für mein Verhalten verurteilen, dann ist das ihr gutes Recht. Es mag sein, daß sie mein Verhalten zu Recht kritisieren. In diesem Fall mache ich mir klar, daß ich nur ein fehlerhafter Mensch bin. Ich werde ruhig meinen Fehler akzeptieren und mich darum bemühen, ihn in der Zukunft zu vermeiden. Das ist alles, was ich tun kann. Wenn andere übertriebene oder unangemessene Forderungen an mich stellen, lehne ich es ab, mich schuldig zu fühlen. Solange niemand in Lebensgefahr gerät, habe ich das Recht, eigene Wünsche zu äußern und nach eigenen Vorstellungen zu leben."

Wenn Sie dazu neigen, anderen die Schuld zuzuweisen

Zunächst scheint dies ein gangbarer Weg für uns zu sein, anderen die Schuld an unseren Gefühlen und unserem Verhalten zu geben. „Du bist schuld, daß ..." „Wenn du nicht ..., dann hätte ich nicht ..." „Wegen dir muß ich nun ... tun, fühle ich mich nun ..." Der Vorteil ist, wir scheinen uns von unserer

Verantwortung befreien zu können. Wir können beleidigt reagieren und den anderen für sein Verhalten strafen. Und wir können die Hoffnung pflegen, daß er sich dadurch verändert. Dieses Verhalten hat jedoch einen deutlichen Nachteil. Wir fühlen uns nicht frei, sondern als Opfer. Der andere scheint damit in der Hand zu haben, wie es uns geht. Suchen wir also zusammen nach Möglichkeiten, uns aus dieser Zwickmühle zu befreien.

Lernen Sie, anderen offen Ihre Meinung zu sagen: „Mir gefällt nicht, daß du ... Dann fühle ich mich ..." „Ich habe erwartet, daß du ... Deshalb bin ich enttäuscht ..."

Äußern sie anderen gegenüber klar und deutlich Ihre Wünsche: „Ich möchte gerne, daß du ..." „Mir ist wichtig, wenn du ..."

Erklären Sie ihnen auch, was Sie zu tun gedenken, falls sie Ihren Wunsch nicht erfüllen. Beispielsweise: „Ich richte das Essen auf 18 Uhr und möchte gerne, daß du pünktlich bist. Falls du nicht rechtzeitig kommst, esse ich allein und du mußt es dir selbst warm machen". Es genügt die Ankündigung und das konsequente Handeln gemäß der Ankündigung. Sie brauchen dann weder zu schmollen, noch sich zu ärgern.

Das Warten auf den Partner und die Schuldzuweisung: „Wegen dir ist das Essen verbrannt, bin ich beinahe verhungert", bringt nur Konflikte und Sie in die Opferrolle. Günstigstenfalls bedauert Ihr Partner die Verspätung und kommt in Zukunft immer pünktlich. Häufiger wird er sich jedoch vehement verteidigen, Sie darauf hinweisen, wie oft er schon auf Sie warten mußte, und dann beleidigt von dannen ziehen.

Achten Sie darauf, ein konkretes Verhalten zu kritisieren und nicht die gesamte Person. Worte wie „nie" und „immer" deuten auf unangemessene Verallgemeinerungen hin. Besser: „Ich bin ärgerlich, weil du heute nicht ... hast".

Vermeiden Sie Vorwürfe wie z.B.: „Wie konntest du nur ..."
Teilen Sie dem anderen mit, warum Sie enttäuscht sind, weshalb Ihnen sein Verhalten Probleme macht. „Ich habe mir so gewünscht ... Jetzt muß ich ..." „Ich bin ärgerlich, weil wir jetzt ..."

Machen Sie sich klar, daß es Ihre freiwillige Entscheidung ist, sich auf das Verhalten Ihres Gegenübers einzustellen. Nur so halten Sie Ihren Ärger gering. Kein Mensch möchte gerne von dem Verhalten des anderen abhängig sein. Sie entscheiden, mit dem Essen auf Ihren Partner zu warten, ihm hinterherzuräumen, usw. Sie formulieren Ihre Erwartungen, stellen Forderungen. Sie selbst bringen sich in die Opferrolle. Sagen Sie sich deutlich: „Ich entscheide mich, ... zu tun, weil ich es möchte".

Teil III:
Typische Situationen,
in denen Schuldgefühle auftreten

Wir sind im Teil III angekommen. Das Ziel lautet jetzt, uns anhand vieler unterschiedlicher Fallbeispiele zu verdeutlichen, wie Schuldgefühle entstehen und überwunden werden können. Wie wir bereits wissen, sind wir dazu fähig, uns bezüglich jeder nur denkbaren unmittelbar erlebten oder auch nur phantasierten Situation Schuldgefühle zu machen. Wir können uns Schuldgefühle wegen bestimmter Gedanken, Gefühle oder Verhaltensweisen machen. Wir können uns sogar Schuldgefühle darüber machen, keine Schuldgefühle zu haben.

Ich stand also vor dem Problem, wie ich möglichst auch ein Beispiel für Ihre Schuldgefühle finden und Ihnen eine Hilfestellung für Ihre Veränderung geben kann. Ich habe mich deshalb bemüht, aus möglichst vielen unterschiedlichen Bereichen Beispiele zu schildern. Falls Sie sich dennoch nicht wiederfinden, kehren Sie bitte zu Teil II, Kapitel 7 zurück und versuchen, die dort dargestellten Strategien auf Ihre Situation zu übertragen.

Wenn Sie auch dann noch den Eindruck haben, für Ihre Schuldgefühle, für Ihr Problem gebe es keinerlei Hilfestellung in diesem Buch, dann könnte dies daran liegen, daß Ihnen Ihr altes negatives Programm einen Streich spielt. Es könnte Sie dazu veranlassen, Ihr Problem als so speziell und schwierig, Ihr Fehlverhalten als so verwerflich anzusehen, daß Sie unbedingt Schuldgefühle haben müssen. In einem solchen Fall möchte ich Sie bitten, Ihre Situation zusammen mit einem Psychotherapeuten zu analysieren.

Die folgenden Kapitel sind so gegliedert, daß ich zunächst

immer die Lebenssituation einer Klientin oder eines Klienten darstelle. Dann erkläre ich anhand des ABC's der Gefühle, mit welchen Bewertungen sich meine Klienten ihre Schuldgefühle erzeugen, und welche Einstellungen hilfreich sind, sich von den Gewissensbissen zu befreien. Auch wenn viele Beispiele Sie nicht unmittelbar betreffen, können Sie versuchen, sich in die Situation des Betroffenen hineinzuversetzen. Ein manches Mal kann man aus den Erfahrungen anderer doch etwas für sich selbst lernen. Außerdem ist es gut möglich, daß Sie beim Lesen der Beispiele mit vielen Ihrer inneren Einwände konfrontiert werden. Sie wissen ja, daß „Ja, aber-"Einwände auftauchen, wenn Sie neue Erkenntnisse machen und alteingefahrene Einstellungen angegriffen werden.

Es könnte also eine gute Übung für Sie sein, sich durch die einzelnen Fallbeispiele hindurchzuarbeiten. Therapiesitzungen verlaufen ähnlich, wie ich es in den Beispielen darstelle. Zunächst erzählt der Klient von seinen seelischen und körperlichen Beschwerden. Zusammen suchen wir dann nach den hinter den Problemen liegenden Selbstgesprächen und überprüfen sie mit den beiden Regeln für hilfreiches Denken. Die neu erarbeiteten Bewertungen muß der Klient dann zu seinem geistigen Eigentum machen und so lange wiederholen, wie ich es in Kapitel 3 bei den 5 Phasen des Umlernens beschrieben habe. Natürlich kann ich hier nur einen kleinen Ausschnitt aus der Lebensgeschichte meiner Klienten darstellen. Es ist sozusagen die Essenz ihrer Schuldgefühle. Ich stelle außerdem nur die Einstellungen dar, mit denen sie sich ihre Schuldgefühle erzeugen. Die Alltagsstrategien, die unwirksamen Strategien der Schuldbekämpfung, die wir in Kapitel 2 besprochen haben, lasse ich unter den Tisch fallen. Diese sind Ihnen vertraut.

Über die Fallbeispiele hinaus finden Sie noch allgemeine Erläuterungen zu den jeweiligen Problembereichen und einige Anregungen, wie Sie in Zukunft Schuldgefühle vermeiden können.

8.
Schuldgefühle
und Kindererziehung

Die Kindererziehung bietet sehr viele Möglichkeiten, sich Schuldgefühle zu erzeugen. Jeder von uns hat ein Bild vor Augen, wie sich eine gute Mutter oder ein guter Vater verhalten sollte. Jeder von uns hat auch eine Vorstellung davon, wie seine Kinder sich als Kinder und später als Erwachsene fühlen und verhalten sollen. Es gelingt uns jedoch nicht immer, diese Vorstellung zu verwirklichen.

Fallbeispiel: „Ich habe versagt. Mein Sohn ist lebensuntüchtig".

Frau K., 59 Jahre, verheiratet, kam wegen starker Depressionen in meine Praxis. Sehr schnell zeigte sich, daß ihre Depressionen die Folge massiver Schuldgefühle waren. Sie warf sich vor, in der Erziehung ihres Sohnes versagt zu haben. Sie verurteilte sich dafür, daß sie ihren Sohn in der Kindheit verwöhnt und ihm das Leben zu leicht gemacht hatte. Sie gab sich die Schuld, daß ihr Sohn so bequem und faul war, sein Studium verbummelte, sich treiben ließ und sich in Spielhöllen herumtrieb. Auf meine Frage, warum sie ihren Sohn so verwöhnt habe, antwortete sie: „Er ist unser einziges Kind. Wir haben uns sehr spät für ein Kind entschieden. Ich wollte, daß er es einmal leichter hat als wir". Auf meine Frage, ob sie manchmal ihr Erziehungsverhalten angezweifelt habe, antwortete sie: „Ja, manchmal schon, das ist ja das Schlimme. Ich hätte ihn mehr herannehmen und fordern müssen."

Auf meine Frage, warum sie es trotzdem nicht getan habe, antwortete sie: „Ich dachte, daß er noch früh genug den Ernst des Lebens erfahren würde. Ich wollte ihm eine unbeschwerte Kindheit geben. Ich selbst habe schon sehr früh zuhause mithelfen müssen - meine Eltern hatten ein Geschäft - und durfte nie mit anderen Kindern spielen. Er sollte seine Kindheit mehr genießen dürfen als ich."

Frau K. gab aus ihrem schlechten Gewissen heraus ihrem erwachsenen
Sohn auch heute noch immer wieder Geld, wenn er mal wieder keines hatte.
Sie vermied jeglichen Vorwurf und jede Kritik an seinem Verhalten, denn er
konnte ja schließlich nichts dafür!

Frau K. konnte nur geholfen werden, wenn sie ihre Selbstgespräche änderte, denn ob sich ihr Sohn ändern würde, lag
nicht in ihrer Hand. Prüfen wir also, ob ihre Selbstgespräche
hilfreich sind oder nicht. Wenden wir zunächst unsere aus Teil
II bekannten Strategien auf Frau K.'s Gedanken an.

Zunächst das ABC der Gefühle:

A: Die Situation sieht so aus:
   Frau K.'s Sohn ist bereits im 14. Semester seines Studiums, gibt sein Geld in Spielhöllen aus.

B: Ihre Bewertung und Schlußfolgerung:
   Ich hätte meinen Sohn mehr fordern müssen, hätte ihn
   mehr herannehmen müssen. Ich bin schuld, daß er lebensuntüchtig ist.

C: Ihre Gefühle und Verhalten:
   Frau K. leidet unter Depressionen und Schuldgefühlen. Sie
   gibt dem Sohn immer wieder Geld und entschuldigt sein
   Verhalten.

Wenn wir mit den 2 Regeln für hilfreiches Denken „Entsprechen ihre Bewertung und ihre Schlußfolgerung den Tatsachen?" und „Helfen die Bewertung und Schlußfolgerung ihr,
sich so zu fühlen und verhalten, wie sie es möchte?" die Gedankengänge von Frau K. überprüfen, kommen wir zu folgendem Ergebnis:
Tatsache ist: Frau K.'s Sohn hat nicht die Verhaltensweisen entwickelt, die sie sich in bezug auf das Studium und den
Umgang mit dem Geld gewünscht hat. Aus heutiger Sicht
kann sie erkennen, daß es vielleicht besser gewesen wäre, ihm

schon in seiner Kindheit Eigenverantwortung beizubringen und an die Übernahme von Pflichten zu gewöhnen. Sie hat es deshalb nicht getan, weil sie glaubte, ihm nur so eine unbeschwerte Kindheit geben zu können. Sie hat die negativen Erfahrungen aus ihrer Kindheit auf ihn übertragen und wollte es besser machen. Dabei hat sie andere Bereiche übersehen. Heute weiß sie, daß dies auch nicht der richtige Weg war. Es ist bedauerlich, daß die Entwicklung so gelaufen ist. Doch ihr Sohn ist jetzt als erwachsener Mensch für sein Leben verantwortlich. Er hat die Fähigkeit, sich zu verändern und weiterzuentwickeln. Selbst wenn ihre Erziehung vollkommen falsch gewesen wäre, kann er an sich arbeiten. Sie übertreibt zudem, wenn sie behauptet, daß ihr Sohn lebensuntüchtig ist. Er hat durchaus auch Verhaltensweisen erlernt, die hilfreich und angemessen sind.

Ihre Schuldgefühle und Depressionen helfen nicht, ihren Sohn zu verändern. Sie schaden ihr lediglich. Ihre Schuldgefühle tragen dazu bei, daß sie sogar heute noch ihre Verwöhnhaltung fortsetzt und dem Sohn weiterhin die Konsequenzen seines Verhaltens erspart. Frau K. hat, sofern sie sich nicht mit Schuldgefühlen lähmt, heute noch Einflußmöglichkeiten auf ihren Sohn - in Form der finanziellen Unterstützung. Sie kann ihrem Sohn deutlich machen, daß er kein Geld mehr von seinen Eltern zu erwarten hat und von nun an für sein Leben selbst verantwortlich ist. So hilft sie dem Sohn am besten und korrigiert ein Verhalten aus der Vergangenheit, das sie aus heutiger Sicht als falsch ansieht. Hierzu benötigt sie keine Schuldgefühle. Sie kann lernen, einen Fehler, den sie in der Erziehung gemacht hat, zu akzeptieren. Sie hat sich so verhalten, wie sie sich aus damaliger Sicht nur verhalten konnte. Auch wenn es z.T. eine falsche Erziehungsstrategie war, konnte sie ihren Sohn nicht anders erziehen.

Gute-Eltern-Falle

Frau K. ist in die Gute-Eltern-Falle geraten. Viele Eltern versuchen zwei Erziehungsprinzipien gleichzeitig zu befolgen: Sie wollen zufriedene, glückliche Kinder und sie wollen ihre Kinder so erziehen, daß sie als Erwachsene mit dem Leben zurechtkommen und sich in die Gesellschaft integrieren.

Nicht immer kann man diese beiden Prinzipien unter einen Hut bringen. Kinder sind meist nicht glücklich und zufrieden, wenn sie Grenzen gesetzt bekommen oder unliebsame Tätigkeiten und Pflichten übernehmen müssen. Dennoch müssen sie lernen, gegen das Lustprinzip zu handeln, sich einzufügen, kurzfristig auf etwas zu verzichten, um langfristig ein Ziel zu erreichen. Sie müssen soziales Verhalten lernen und die Bedürfnisse ihrer Umwelt berücksichtigen. Wenn Eltern von sich fordern, immer glückliche Kinder zu haben, die mit ihren Eltern zufrieden sind, wird es ihnen entweder unmöglich, Grenzen zu setzen, oder aber sie plagen sich mit Schuldgefühlen herum, weil die Kinder ärgerlich, enttäuscht oder traurig sind. Der glückliche Umstand, daß Kinder etwas einsehen werden und gerne unliebsame Tätigkeiten übernehmen, tritt leider sehr selten ein. Eltern müssen deshalb akzeptieren lernen, daß Kinder ab und zu negative Gefühle ihnen gegenüber empfinden. Dies bedeutet nicht, daß sie schlechte Eltern sind. Im Gegenteil, sie riskieren die momentane Ablehnung der Kinder, um ihnen wichtige Lebensprinzipien beizubringen. Das ist viel schwerer, als den Kindern alles durchgehen zu lassen. Mit der Mitteilung: „Ich weiß, daß du jetzt enttäuscht, verärgert ... reagieren magst, aber es ist wichtig, daß du ..., weil du sonst ... " können Eltern beispielsweise ihr Verhalten erläutern und gleichzeitig Verständnis den Kindern gegenüber signalisieren. W. Dyer schlägt in seinem Buch „Das Glück der positiven Erziehung" u.a. folgende Erziehungsrichtlinien vor, um Kinder zu selbstbewußten, verantwortungsbewußten Menschen zu erziehen:

1. Kritisieren Sie das Verhalten eines Kindes, aber nicht seinen menschlichen Wert.
2. Loben Sie Ihr Kind, statt es zu kritisieren.

3. Ermutigen Sie Ihr Kind, Risiken einzugehen.
4. Achten Sie darauf, daß Ihr Kind sich nicht als minderwertig ansieht.
5. Verhelfen Sie Ihrem Kind zu einem positiven Selbstverständnis.
6. Hören Sie selbst auf, anderen für alles die Schuld zu geben.
7. Streben Sie nicht unbedingt danach, daß die Kinder immer die Nummer Eins sein müssen.
8. Lösen Sie sich von Ihren Schuldgefühlen und bemühen Sie sich darum, Verantwortung zu tragen, statt sich einfach nur schuldig zu fühlen.
9. Wenn Sie ein Kind bestrafen, muß es wissen, warum.
10. Wenn Sie eine Strafe androhen, sollte sie auch erfolgen, wenn das eintritt, was diese Strafe erforderlich macht.

Wenn Sie diese 10 Prinzipien umsetzen - zumindest daran arbeiten, sich möglichst oft danach zu verhalten - , dann werden Sie das Selbstbewußtsein Ihrer Kinder fördern. Sie werden den Kindern gleichzeitig dabei helfen, sich nicht mit Schuldgefühlen zu geißeln.

Fallbeispiel: „Ich bin eine schlechte Mutter. Ich schlage meine Kinder".

Frau W., 35 Jahre, verheiratet, suchte meine Praxis auf, weil sie unter Schlafstörungen litt und Schwierigkeiten hatte, sich zu konzentrieren und entspannen. Sie hatte ihren Beruf als Kindergärtnerin aufgegeben, als das zweite Kind kam. Ihr Mann war Ingenieur, manchmal wochenweise unterwegs und sie allein mit den nun 3- und 5-jährigen Kindern zuhause. Sie war mit ihrer Lebenssituation in keinster Weise zufrieden. Sie fühlte sich von ihrem Mann im Stich gelassen, es fehlte ihr die berufliche Bestätigung. Das ständige Bereit-Sein für die Kinder überforderte sie. Mit ihrem Mann war es unmöglich, über ihre Probleme zu sprechen. Er war kaputt und wollte nur seine Ruhe, wenn er mal zuhause war. Dann mußten die Kinder sogar ganz besonders gut funktionieren, anstatt daß er sich um sie kümmerte. Bereits mehrmals rutschte ihr in solchen Situationen schon die Hand aus und sie gab ihren Kindern einen Klaps auf den Po. Sie quälte sich danach mit Schuldgefühlen, daß ihr als gelernte Kindergärtnerin so etwas nicht passieren dürfte. Ihrer Meinung nach gehörten den Müttern, die ihre Kinder schlagen, die Kinder weggenommen. Nachts träumte sie sogar schon einmal, daß sie ihre Kinder eines Tages totschlagen könnte. Und dennoch passierte es ihr immer häufiger, daß sie ungerecht zu den Kindern war und ihre Anspannung sich in Schlägen entlud.

Auch hier wollen wir wieder damit beginnen, die Situation in ein ABC der Gefühle einzuordnen:

A: Situation:
   Frau W.'s Mann ist zuhause. Die Kinder streiten sich. Frau W. gibt den Kindern einen Klaps auf den Po.

B: Bewertung und Schlußfolgerung:
   Schon wieder! Als Kindergärtnerin hätte mir das nicht passieren dürfen. Den Müttern, die ihre Kinder schlagen, gehörten die Kinder weggenommen. Ich bin eine schlechte Mutter.

C: Gefühle, Körperreaktion und Verhalten:
   Frau W. fühlt sich schuldig, hat Alpträume, ist gereizt und fühlt sich zunehmend überfordert. Sie leidet unter Schlaf- und Konzentrationsstörungen, hat Schwierigkeiten, sich zu entspannen. Immer häufiger schlägt sie ihre Kinder.

Als nächstes prüfen wir wieder mit Hilfe der beiden Regeln für hilfreiches Denken, inwieweit die Bewertungen und Schlußfolgerungen von Frau W. der Situation angemessen sind: Entsprechen ihre Bewertung und Schlußfolgerung den Tatsachen? Helfen die Bewertung und Schlußfolgerung Frau W., sich so zu fühlen und verhalten, wie sie es möchte?

Dabei kommen wir zu folgendem Schluß: Tatsache ist, daß Frau W. ihren Kinder einen Klaps auf den Po gegeben hat. Dies entspricht nicht ihren Erziehungsprinzipien. Frau W. unterläuft ein Fehler und sie zeigt in ihren Augen ein der Situation unangemessenes Verhalten. Auch wenn Frau W. Kindergärtnerin ist, muß sie jedoch nicht in der Lage sein, ihre Erziehungsprinzipien immer zu leben. Sie ist in einer seelisch sehr angespannten Lage, innerlich unzufrieden und offensichtlich zum jetzigen Zeitpunkt nicht fähig, ihren Impuls zu kontrollieren. Wegen eines Klapses muß Müttern, und auch nicht Frau W., nicht gleich das Kind weggenommen werden. Eine vollkommen schlechte Mutter ist sie auch nicht aufgrund eines einzigen, unangemessenen Verhaltens, das zudem ihre Kinder nicht in Lebensgefahr bringt. Sie hat ihren Kindern viele wichtige Verhaltensweisen beigebracht und sich auch sonst immer darum bemüht, für sie dazusein.

Schuldgefühle helfen Frau W. nicht, ihr Verhalten zu verändern. Im Gegenteil, je mehr sich Frau W. für ihr Verhalten verurteilt und mit sich hadert, desto angespannter und gereizter wird sie werden und desto weniger Geduld wird sie ihren Kindern gegenüber haben. Die Konflikte mit ihrem Mann werden hierdurch auch nicht geklärt.

Es genügt, wenn Frau W. ihr Fehlverhalten bedauert und alles daransetzt, zu lernen, ihr Leben und ihre Gefühle besser in den Griff zu bekommen. Schuldgefühle und Vorwürfe helfen ihr dabei nicht. Sie muß mit ihrem Mann über ihre Situation und ihre Gefühle sprechen und überlegen, wie sie sich entlasten und sich mehr Zufriedenheit verschaffen kann. Sie muß sich ganz konkret für die Situation, in der sie wieder einmal zu stark angespannt ist und aus der Haut fahren könnte, überlegen, wie sie anders damit umgehen möchte, als ihre Wut an den Kindern auszulassen.

Eltern und Gefühle

Viele Eltern, insbesondere Mütter, verlangen von sich, immer verständnisvoll und geduldig zu sein. Das ist menschenunmöglich. Auch Kinder dürfen und müssen erfahren, daß ihre Eltern ärgerlich, enttäuscht, ängstlich und gekränkt sind. Wichtig ist die Form, in der wir unseren Kindern dies mitteilen. Schädlich sind Formulierungen wie „Deinetwegen fühle ich mich ... habe ich ... Du bist böse.", sowie Schläge und Liebes-entzug. Wenn wir Kinder in der Ich-Form: „Ich bin ent-täuscht, weil ich mir ... gewünscht, erwartet, erhofft habe", „Ich bin ärgerlich, weil du es ... versprochen hast und ich mich darauf verlassen habe", „Ich bin ärgerlich. Ich finde dein Verhalten falsch" über unsere Gedanken und Gefühle infor-mieren, dann erfahren sie, was wir denken und fühlen. Wir versuchen nicht, ihnen mit dieser Form der Formulierung Schuldgefühle zu machen. Doch wir zeigen ihnen gleichzeitig auch ihren Anteil an unserer Reaktion. Sie können lernen, Verantwortung zu übernehmen, ohne ihr Gesicht zu verlieren. Doch immer werden wir diese Prinzipien nicht umsetzen kön-nen, auch wenn wir sie für richtig halten. Die meisten von uns haben nicht gelernt, in dieser Art und Weise Rückmeldung zu geben. Und alles, was wir neu erlernen, braucht Zeit, bis es automatisch abläuft. Auch wenn wir uns einig sind, daß Schlä-ge kein geeignetes Erziehungsmittel sind, kann es uns passie-ren, daß wir sie einsetzen. Schuldgefühle, weil wir uns „falsch" verhalten haben, helfen dann nicht. Wir können mit den Kin-dern darüber sprechen, daß es uns leid tut, ein Fehler war und wir uns bemühen, es in Zukunft anders zu machen. Kin-der dürfen sehen, daß Erwachsene auch Fehler machen. Sie erleben es jeden Tag bei sich. Ferner ist es sinnvoll, daran zu arbeiten, eine größere Frustrationstoleranz aufzubauen.

Fallbeispiel: „Ich habe mein Kind ins Heim gegeben".

Frau O. war gerade mal 17 Jahre alt, als sie schwanger wurde. Ihr damaliger Freund ließ sie, als er von der Schwangerschaft hörte, sitzen. Sie zog dann zu einer Freundin, weil ihre Eltern sie zu einer Abtreibung überreden wollten. Sie selbst war davon überzeugt, alleine mit dem Kind durchkommen zu können. Nachts arbeitete sie in einer Bar, um am Tage für ihr Kind dazusein. Ihre Freundin war nachts zuhause, sodaß immer jemand um ihr Kind herum war. Doch mit der Zeit merkte Frau O., daß ihr überhaupt nichts mehr vom Leben blieb. Sie wollte auch mal wieder mit Gleichaltrigen in die Disko gehen, mehr Geld zur Verfügung haben und sich einen Urlaub gönnen. Schließlich ent-schloß sie sich, ihr Kind ins Heim zu bringen. Am Anfang holte sie es regel-mäßig jedes Wochenende nach Hause. Da sie sich aber immer mit Schuldge-

fühlen quälte, wenn sie es ins Heim zurückbringen mußte, stellte sie diese Wo-
chenendbesuche ein. Zum Zeitpunkt des Therapiebeginns war die Tochter be-
reits erwachsen, Frau O. 45 Jahre alt. Frau O. hatte begonnen, Bilanz von
ihrem Leben zu ziehen. So gerne hätte sie alles rückgängig machen wollen.
Sie litt darunter, daß die Tochter keinen Kontakt mit ihr haben wollte, daß
sie ihrem Kind kein Elternhaus gegeben hatte. Sie fühlte sich als eine Versa-
gerin, die ihr Leben und das Leben ihrer Tochter verpfuscht hatte.

Im ABC der Gefühle sieht das Problem von Frau O. so aus:

A: Situation:
Frau O. hat ihre Tochter im Alter von 2 Jahren in ein
Heim gegeben. Die Tochter will als Erwachsene keinen
Kontakt zu ihr.

B: Ihre Bewertung und Schlußfolgerung:
Daran bin ich schuld. Ich hätte meine Tochter nicht ins
Heim geben dürfen. Ich habe versagt, mein Leben und das
meiner Tochter verpfuscht.

C: Gefühle und Verhalten:
Schuldgefühle und Depressionen

Die Überprüfung mit den zwei Regeln für hilfreiches Denken ergibt folgende Korrektur der Bewertung und Schlußfolgerung:
Tatsache ist: Frau O. hat ihr Kind in ein Heim gegeben,
weil sie zum damaligen Zeitpunkt noch sehr jung und uner-
fahren war. Außerdem hat ihr die Unterstützung durch die Eltern und den Kindesvater gefehlt. Sie hat ihre Kräfte und die
Realität falsch eingeschätzt. Sie wußte nicht, auf wieviel man
zugunsten eines Kindes in den ersten Jahren verzichten muß.
Mit der Erfahrung und Reife von heute und zu einem Zeitpunkt, an dem es Frau O. auch nicht mehr so wichtig ist, etwas zu erleben - sieht sie ihr damaliges Verhalten als einen
Fehler. Frau O. ist dafür verantwortlich, ihre Tochter in einem
Heim untergebracht und ihr damit kein normales Familienle-

ben gegeben zu haben. Sie hat jedoch nicht auf der ganzen Linie versagt. Sie hat sich bis zu dem Zeitpunkt, als sie die Tochter ins Heim gab, abgerackert, ist sogar einer relativ gefährlichen Beschäftigung nachgegangen. Sie hat zunächst auch noch den Wochenendkontakt aufrechterhalten. Es ist übertrieben bewertet, daß sie ihr Leben und das ihrer Tochter verpfuscht hat. Frau O.'s Leben lief danach in geordneten Bahnen. Sie hat eine Lehre gemacht und ist seitdem berufstätig. Die Tochter von Frau O. hat im Heim ihre Schulausbildung abgeschlossen und kann für sich selbst sorgen. Sie hat Möglichkeiten, ihrer Mutter zu verzeihen und wieder Kontakt aufzunehmen.

Die negativen Gedankengänge von Frau O. führen zu Schuldgefühlen. Diese helfen ihr nicht, ihr Verhalten in der Vergangenheit ungeschehen zu machen. Ihre Vorwürfe führen nur dazu, daß sie depressiv wird und ihr Leben tatsächlich nicht nach ihren Möglichkeiten lebt. Durch ihre Schuldgefühle wird der Kontakt zur Tochter auch nicht wiederhergestellt. Frau O. kann lernen, sich selbst gegenüber nachsichtig zu sein und sich zu verzeihen. Statt sich mit Schuldgefühlen zu quälen, kann sie nach den Gründen für ihr damaliges Verhalten suchen. Sie kann ihrer Tochter in einem Brief mitteilen - sofern diese ein persönliches Gespräch ablehnt - weshalb sie sich damals zu diesem Schritt entschlossen hat. Dann liegt es in der Hand der Tochter, zu welchem Zeitpunkt in ihrem Leben sie sich offen macht, die Mutter zu verstehen, und ihr eventuell sogar zu begegnen. Auch wenn die Tochter sie niemals als Mutter anerkennt, kann Frau O. sich selbst diesen Fehler verzeihen. Sie ist und bleibt eine Mutter, die sich in einer bestimmten Lebenslage und einem bestimmten Lebensalter dazu entschieden hat, die Tochter ins Heim zu bringen.

Der Kontakt zu den Kindern

Jede dritte Ehe wird heutzutage geschieden. Infolge einer Scheidung gibt es häufig auch Probleme mit dem Sorge- und

Besuchsrecht. Ein manches Mal sind die beiden Elternteile so zerstritten, daß der Kampf und die Rache über die Kinder ausgefochten wird. Der Vater weigert sich, das Kind zur Mutter zu lassen. Die Mutter macht den Vater schlecht, so daß das Kind von sich aus keinen Kontakt mehr haben möchte. Der Vater hört auf, Unterhalt zu leisten, oder gibt einen Teil seines Einkommens bei der Berechnung der Unterhaltsleistung nicht an. Wenn der Vater eine neue Freundin hat, macht die Mutter die neue Freundin schlecht oder verweigert dem Kind den Besuch beim Vater. Manches Mal mündet der Kampf darin, daß ein Elternteil sich überhaupt nicht mehr um das Kind kümmert und den Kontakt abbricht. Das Motto „Aus den Augen, aus dem Sinn" mag dabei eine Rolle spielen - ein kärglicher Versuch, einen ausweglosen Konflikt zu lösen.

Später wenn das Kind schon erwachsen ist, die Eltern älter sind und eine Lebensbilanz ziehen, ist dieses Verhalten häufig Anlaß für Schuldgefühle. Auch hier gilt es dann wie im Beispiel von Frau O. zu lernen, seine Schuldgefühle in Bedauern umzuwandeln, - sich einzugestehen, daß man einen Fehler gemacht hat, doch damals keine andere Lösung gesehen oder dies als die beste Lösung angesehen hat. Und gegebenenfalls zu überlegen, wie man den Kontakt zum Kind wiederherstellen und ihm sein damaliges Verhalten verstehbar machen kann. Möglicherweise ist der Preis, der zu zahlen ist: Das Kind lehnt jeglichen Kontakt ab.

Fallbeispiel: „Mein Sohn ist drogenabhängig".
Herr J. wollte eine Therapie beginnen, weil er unter heftigen Rückenschmerzen litt. Zahlreiche Ärzte hatte er schon konsultiert, doch keiner konnte eine körperliche Ursache finden. Eine Therapie war seine letzte Hoffnung. In den Gesprächen stellte sich langsam heraus, daß er sich schuldig fühlte. Sein Sohn war im Alter von 17 Jahren von zuhause weggelaufen. Vorausgegangen waren Herrn J.'s Trennung von seiner ersten Frau und die Heirat seiner jetzigen Frau. Wie sich erst später zeigte, fühlte sich der Sohn von seiner Stiefmutter nicht anerkannt, hatte den Eindruck, sie wollte ihn nur schikanieren. Es gab täglich Streit, weil er sich nicht an den Hausarbeiten beteiligte, seine Mu-

sik zu laut aufdrehte und in seinem Zimmer rauchte. Herr J. sah das alles nicht so eng und vertraute darauf, daß die beiden sich schon miteinander arrangieren würden. Er wollte nichts von den Streitereien hören und schon gar nicht riskieren, daß seine neue Partnerschaft dadurch zu Bruch ging. Der Konflikt von Sohn und Stiefmutter mündete schließlich darin, daß der Sohn eines Tages sang- und klanglos das Haus verließ. Freunde von ihm hatten ihn noch einmal am Bahnhof, in der Drogenszene, gesehen. Er hatte sie um Geld angepumpt, sich aber geweigert, mit seinen Eltern Kontakt aufzunehmen.

Herr J. machte sich nun Vorwürfe, daß er alles hatte laufen lassen. Er hätte seinen Sohn für seine neue Partnerschaft geopfert, ihn verraten. Er hätte sich mehr mit ihm unterhalten und auch mal Stellung für seinen Sohn beziehen müssen. Leichtfertig hätte er seinen Sohn in die Drogenszene abdriften lassen. Inzwischen war auch seine neu Partnerschaft gefährdet, weil er seiner Frau Vorwürfe machte, sie hätte nicht so hart gegenüber dem Sohn sein sollen. Sie hätte einen Keil zwischen seinen Sohn und ihn getrieben. Auch seine Exfrau und der Freundeskreis setzten ihm zu, versagt zu haben.

Herr J.'s Situation können wir im ABC der Gefühle wie folgt beschreiben:

A: Situation:
Der 17-jährige Sohn hat das Elternhaus verlassen und ist höchstwahrscheinlich in die Drogenszene geraten.

B: Herrn J.'s Bewertung und Schlußfolgerung:
Ich habe meinen Sohn verraten. Ich hätte mich mehr um ihn kümmern müssen, hätte Stellung beziehen müssen. Ich hätte erkennen müssen, daß mein Sohn so unglücklich ist. Ich habe als Vater versagt.

C: Gefühle, Körperreaktion und Verhalten:
Herr J. klagt sich an, hat Schuldgefühle, macht seiner Frau Vorwürfe. Er leidet unter Rückenschmerzen.

Lassen Sie uns nun wieder Herrn J.'s Bewertung mit den zwei Regeln für hilfreiches Denken überprüfen, inwieweit seine Vorwürfe und seine Schlußfolgerung berechtigt sind.

Tatsache ist, daß Herrn J.'s Sohn das Elternhaus verlassen und den Kontakt abgebrochen hat. Wir müssen im Augenblick davon ausgehen, daß Herrn J.'s Sohn drogenabhängig ist. Zumindest gibt es keine anderen Hinweise.

Tatsache ist auch, daß Herr J. sich wenig um die seelischen Probleme seines Sohnes und dessen Konflikte mit seiner 2. Frau gekümmert hat. Im nachhinein können wir sagen, daß dies ein Fehler war und der Sohn möglicherweise nicht von zuhause weggelaufen wäre, wenn er sich anders verhalten hätte. Grund für das Verhalten von Herrn J. waren seine Angst vor Konflikten und Angst, seine zweite Frau auch zu verlieren. Er unterschätzte außerdem das Problem der beiden. Herr J. hatte in seiner Lebensgeschichte nicht gelernt, einen Konflikt anzusprechen und auszutragen. Er hatte gelernt, die Augen zuzumachen und zu hoffen, daß es von alleine eine Lösung gibt. Dies bedeutet aber auch, daß er verleugnen mußte, wie unglücklich sein Sohn war.

Auch hier können wir jedoch wieder nicht sagen, daß Herr J. als Vater vollkommen versagt hat. Er hat sich aus der ersten Ehe gelöst, weil er glaubte, dies sei besser für den Sohn. Er hoffte, mit der zweiten Partnerin seinem Sohn das Modell einer harmonischen Partnerschaft vorzuleben. Er hat sich bereiterklärt, für seinen Sohn zu sorgen, das Sorgerecht übernommen. Als der Sohn noch klein war, hat er viel mit ihm gespielt und Geschichten vorgelesen. Er wollte ihm eine gute Schulbildung ermöglichen, der Sohn hatte ein eigenes Zimmer, durfte Freunde ins Haus bringen, mit der Jugendgruppe in die Ferien fahren, usw. Es gibt viele Bereiche, in denen Herr J. seine Pflichten als Vater sehr ernst genommen hat und ihnen auch nachgekommen ist.

Die Schuldgefühle und Selbstvorwürfe von Herrn J. gefährden seine jetzige Ehe und seine Gesundheit. Sie helfen ihm auch nicht, die fehlenden sozialen Fähigkeiten wie etwa das Äußern von Gefühlen und Ansprechen von Konflikten zu entwickeln. Hätte er gewußt, daß er damit zur Drogenabhängigkeit seines Sohnes beitragen könnte, hätte er sich wahrscheinlich dazu überwunden, sein Streben nach Harmonie aufzugeben und einen Konflikt zu riskieren. Herr J. überschätzt seine Verantwortung. Bei der Ausbildung einer Drogenabhängigkeit kommen meist sehr viele unterschiedliche Faktoren zusammen. Nicht nur das Elternhaus spielt dabei eine Rolle. Der Einfluß des Freundeskreises, die Umgebung, in der der Jugendliche wohnt, die Lehrer und andere Bezugspersonen, das Selbstvertrauen des Jugendlichen haben einen Einfluß. Auch der Sohn selbst hatte Einflußmöglichkeiten darauf, wie er mit Konflikten im Elternhaus umgeht: Vertraut er sich jemanden an? Wendet er sich an das Jugendamt? Wendet er sich an seine Mutter?

Für Herrn J. ist es sinnvoll, sich seine fehlenden sozialen Kompetenzen einzugestehen und daran zu arbeiten. Er kann lernen, sich seinen Fehler zu verzeihen. Er könnte sich auch in einer Selbsthilfegruppe drogenabhängiger Jugendlicher engagieren oder in der Drogenhilfe arbeiten, um seine Erfahrungen für andere nutzbar zu machen.

Fallbeispiel: „Ich habe meinen Sohn im Stich gelassen".

Frau V. fühlte sich in einer ausweglosen Situation, als sie die Therapie begann. Sie verurteilte sich dafür, ihren achtjährigen Sohn im Stich gelassen zu haben. Alles hatte für sie so gut angefangen. Sie hatte ihren Mann mit 28 Jahren geheiratet. Da er unbedingt ein Kind haben wollte, hatte sie sich zu einer Schwangerschaft überreden lassen. Es war abgesprochen, daß ihr Mann, da er freiberuflich tätig war, zuhause blieb und sie gleich nach der Geburt wieder arbeiten ging. Zunächst ging ihr Mann mit großer Begeisterung an die Betreuung ihres Sohnes. Bloß mit der Hausarbeit klappte es nicht so recht. Wenn sie abends nach Hause kam, erwartete er, daß sie sich, „da er ja schließlich den ganzen Tag für das Kind dawar", um Kind und Haushalt kümmerte. Sie hatte jedoch das Bedürfnis, erst einmal zur Ruhe zu kommen. Auch am Wochenende sollte sie die Arbeit alleine übernehmen. Er betrachtete das Wochenende als Chance, raus aus der Familie zu kommen. „Es war ja schließlich sein Recht, auch etwas für sich zu machen." Kaum ein Wochenende unternahmen sie als Familie etwas zusammen. Es gab immer häufiger Streit. Eines Tages entdeckte Frau V., daß ihr Mann ein Verhältnis mit einer anderen Frau hatte. Zur Rede gestellt legte er schließlich offen, daß er die

Scheidung wollte. Da Frau V. die einzige war, die ein sicheres Gehalt hatte,
blieb ihr nichts übrig, als weiterzuarbeiten und für den Unterhalt von Sohn
und Exmann zu sorgen. Lediglich alle 14 Tage konnte sie ihren Sohn am Wo-
chenende zu Besuch haben. Ihr Mann blieb mit dem Sohn im alten Haus
wohnen und seine neue Lebensgefährtin zog dort ein. Obwohl Frau V. sich
nicht unbedingt ein Kind gewünscht hatte, fühlte sie sich nun schuldig, nur so
wenig für ihren Sohn machen zu können. Sie traute sich kaum, sich etwas zu
gönnen. Immer hatte sie den Eindruck, daß ihr das nicht zustünde.

Das ABC der Gefühle von Frau V.:

A: Situation:
Frau V. ist geschieden, ganztägig berufstätig und darf ihren
Sohn laut Gerichtsentscheid alle 14 Tage am Wochenende
bei sich haben.

B: Frau V.'s Bewertung und Schlußfolgerung:
Ich müßte mich mehr um meinen Sohn kümmern, darf
mir nichts gönnen. Ich bin zu wenig für meinen Sohn da.
Ich bin schuld, wenn er sich nicht normal entwickelt.

C: Gefühle, Körperreaktion und Verhalten:
Frau V. leidet unter Magenschmerzen und Schlafstörun-
gen. Sie hat ein schlechtes Gewissen, wenn sie sich etwas
Gutes tut.

Nochmals zur Erinnerung: Schuldgefühle entstehen aufgrund unserer persönlichen Bewertungen und Schlußfolgerungen. Nur wenn die Bewertung und Schlußfolgerung der Situation angemessen sind, können wir auch der Situation angemessene Gefühle verspüren. Eine Hilfe bei der Prüfung unserer Bewertungen sind wiederum die 2 Regeln für hilfreiches
Denken.

Eine hilfreiche Bewertung von Frau V.'s Verhalten könnte
so aussehen:
Tatsache ist: Frau V.'s Mann hat das Sorgerecht vom Ge-

richt zugesprochen bekommen. Frau V. war die ganze Zeit und ist noch für die finanzielle Absicherung der Familie zuständig. Diese Aufgabe erfüllt sie gewissenhaft. Sie kann nicht gleichzeitig ganztags arbeiten, finanziell für den Sohn und den Exmann sorgen und sich persönlich um ihren Sohn kümmern. Das sind zwei moralische Prinzipien, die sich widersprechen. Es ist bedauerlich, daß ihr Mann und sie sich getrennt haben und ihr Sohn deshalb nicht mehr beide Elternteile gleichzeitig um sich haben kann. Das ist jedoch eine Entscheidung von ihrem Mann und ihr gewesen und nicht alleine ihre Verantwortung. Eine Scheidung muß nicht zwangsläufig dazu führen, daß der Sohn seelische Probleme bekommt. Auch hängt die Weiterentwicklung ihres Sohnes sowohl von ihr als auch ihrem Exmann ab.

Schuldgefühle von Frau V. können dazu führen, daß sie ihren Sohn verwöhnt und überbehütet oder den Vater schlechtmacht. Dann besteht die Gefahr, daß der Sohn Probleme bekommt. Außerdem schadet sie ihrer Gesundheit, wenn sie von sich Unmögliches, nämlich das Geld zu verdienen und sich gleichzeitig um den Sohn zu kümmern, fordert.

Für Frau V. ist es hilfreich, zu lernen, die Situation zu akzeptieren. Sie ist geschieden, für den Unterhalt verantwortlich und kann deshalb nur eine befristete Zeit für ihren Sohn dasein. Sie kann sich überlegen, wie sie diese Zeit sinnvoll mit ihrem Sohn zusammen ausfüllen kann, was in dessen bestem Interesse ist. Sie muß lernen, sich selbst auch Gutes zuzugestehen, und sich ein neues Lebensziel schaffen.

Fallbeispiel: „Ich kümmere mich zu wenig um die Kinder".
Frau B., 30 Jahre, alleinerziehend, wurde von ihrem Hausarzt zu mir geschickt. Sie klagte über Schwindelgefühle und plötzlich auftretende Panikattacken. Sie war ganztags als Sekretärin in einem Wirtschaftsunternehmen tätig. Ihr Tagesablauf sah folgendermaßen aus: Morgens vor dem Arbeitsbeginn brachte sie ihre beiden Kinder in den Kindergarten. Am Nachmittag nahm die Pflegemutter sie in Empfang. Gleich nach Feierabend holte sie Frau B. dann bei der Pflegemutter ab. Danach hatte sie den Anspruch, ihren Kindern noch etwas bieten zu müssen. Entweder lud sie die Freunde ihrer Kinder zum

Spielen nach Hause ein oder sie gingen ins Schwimmbad, ins Kino, zum Eisessen, etc. Manchmal mußten dann am Abend noch Hausaufgaben kontrolliert werden. Der Haushalt fiel an, wenn die Kinder schließlich im Bett waren. Frau B. trieb sich mit ihren Schuldgefühlen immer näher an den Abgrund. Die Panikattacken waren ein deutlicher Ausdruck der aus ihrer Sicht unlösbaren Lage. Sie überforderte sich und verlangte von sich, eine perfekte Mutter und Arbeitnehmerin zu sein. Trotz ihres Vollzeitjobs konnte sie ihren Kindern nicht so viel bieten wie andere Eltern, etwa Kleidung nach dem neuesten Schrei, den Tennis- und Ballettunterricht. Ihre Kinder warfen ihr das vor und sie selbst kreidete sich die chronische Geldknappheit ebenfalls an.

Frau B.'s Situation können wir so im ABC der Gefühle darstellen:

A: Situation:
Frau B. ist alleinerziehend, geht ganztags arbeiten und kümmert sich am Feierabend um die Kinder.

B: Frau B.'s Bewertung und Schlußfolgerung:
Ich müßte mehr für meine Kinder dasein. Ich bin eine schlechte Mutter, die ihren Kindern nichts bietet. Auch an der Arbeitsstelle bringe ich im Vergleich zu den Kolleginnen nichts zustande. Ich versage auf allen Gebieten.

C: Gefühle, Körperreaktion und Verhalten:
Frau B. leidet unter Schuldgefühlen, Erschöpfung, Schwindelgefühlen und Panikattacken.

Eine Überprüfung der Gedankengänge mit Hilfe der beiden Regeln ergibt:
Tatsache ist, daß Frau B. alleinerziehend ist und deshalb ganztags arbeiten muß. Sie möchte ihre Kinder nicht ins Heim geben, hat keinen Partner und keine Eltern, die sie entlasten könnten. So bleibt nur, daß sie ganztags arbeitet und nur am Abend und Wochenende für ihre Kinder Zeit hat. Sie kann ihren Kindern nur so viel bieten, wie ihr an Geld und Zeit zur Verfügung steht. Deshalb ist sie noch lange keine

schlechte Mutter. Frau B. gibt, was in ihren Kräften steht. Es ist kein böser Wille oder daß sie den Kindern nichts gönnen möchte. Sie übertreibt, wenn sie sagt, daß sie ihren Kindern nichts bietet. Es ist nicht sinnvoll für Frau B., ihr Leben mit dem anderer zu vergleichen. Ihre Kinder müssen lernen, sich an diese Situation anzupassen. Das muß nicht zum Schaden der Kinder sein. Sie können Eigeninitiative und Selbstverantwortung erlernen und entwickeln möglicherweise den Ehrgeiz, mehr aus ihrem Leben zu machen.

Wenn sich Frau B. mit den Arbeitskolleginnen vergleicht, ist das auch nicht hilfreich. Kolleginnen, die keine Kinder haben, nur halbtags arbeiten oder weniger durch die Kinder belastet sind, haben mehr Energien für den Arbeitsbereich frei. Es ist ganz natürlich, daß Frau B. erschöpft ist. Ihre Vorwürfe und die Selbstverurteilung verschlimmern die Lage nur noch und setzen sie noch mehr unter Druck. Sie führen zu Panikattacken und Schwindelgefühlen.

Für Frau B. ist es hilfreicher, die Forderungen, die sie an sich stellt, zu reduzieren. Sie stellt unrealistische Forderungen die sie nicht erfüllen kann. Sie fordert von sich für zwei Bereiche absolute Höchstleistung. Es ist bedauerlich, daß sie ihren Kindern nicht mehr bieten kann, aber es ist das, was sie aus der Situation, alleinerziehend und Vollzeit arbeitend, ohne Unterstützung durch die Eltern oder Freunde herausholen kann. Sie kann sich darum bemühen, sich auch ein wenig Freiraum zu schaffen, mal einen freien Abend zu gönnen. Zu prüfen ist auch für sie, ob sie sich im Arbeitsbereich entlasten, mehr delegieren oder Aufgaben reduzieren kann. Sie kann nicht ausgleichen, was in ihrem Leben schiefgelaufen ist: daß ihr Mann sich von ihr getrennt hat, daß sie eine schlechte Beziehung zu den Eltern hat, daß sie keine gute Berufsausbildung hat und deshalb wenig verdient, daß sie kein Vermögen hat. Ihre Kinder werden lernen müssen, daß die Welt ungerecht ist und keine gleichen Startbedingungen vorherrschen.

Statt sich mit Schuldgefühlen zu strafen, kann Frau B. lernen, eigene für ihre Lebenssituation passende Normen zu entwickeln.

9.
Schuldgefühle
und vertraute Menschen

Das Zusammenleben von Menschen in einer Gesellschaft kann nur funktionieren, wenn zumindest ein Großteil der Mitglieder Rücksicht auf seine Mitmenschen nimmt, deren Besitz, Leben und Interessen achtet. Dennoch stellt die Rücksicht auf andere auch eine erhebliches Risiko dar. Wenn uns der andere wichtig ist, macht uns diese emotionale Verbindung verwundbar. Dann, wenn beide Seiten unterschiedliche Interessen und Bedürfnisse haben, gibt es Konflikte. Je nachdem, wie gut beide Seiten gelernt haben, mit Konflikten umzugehen, gibt es friedliche Lösungen oder aber Aggressionen, Streit, Kränkung, Angst, Schuldgefühle, Depressionen. Ganz besonders schlimm trifft es Kinder, die unerwünscht und ungewollt zur Welt kommen. Sie empfinden die Unzufriedenheit und den Haß der Eltern und beziehen ihn auf sich als Person. Sie glauben, es läge an ihnen, daß die Eltern so unglücklich sind. Sie fühlen sich schuldig, auf der Welt zu sein.

Fallbeispiel: „Ich bin schuld, daß ich auf der Welt bin".
Frau G., 22 Jahre alt, hatte schon zwei Selbstmordversuche verübt, bevor sie zu mir in Therapie kam. Sie wirkte klein und zerbrechlich, sprach mit leiser Stimme, so als ob sie sich unsichtbar machen wollte. Zeit ihres Lebens litt sie unter Depressionen und Schuldgefühlen. Ihre Mutter hatte ihr immer wieder erzählt, daß sie ihr das ganze Leben verpfuscht hätte. Sie und ihr Mann hätten gar nicht zusammenbleiben wollen, hätten das dann doch wegen ihr und der Meinung der Leute gemacht. Solange Frau G. sich erinnern konnte, hatte es Streit zwischen den Eltern gegeben. Der Vater war oft betrunken gewesen und hatte die Mutter geschlagen. Sie war zwar nicht geschlagen worden, aber bei Streit wurde tagelang nicht mit ihr gesprochen. Die Mutter hatte unter

Asthmaanfällen gelitten und häufig Erstickungsanfälle gehabt. Als Kind hatte Frau G. dann versucht, besonders lieb zu sein. Manchmal hatte ihre Mutter gedroht, die Familie zu verlassen. Die Mutter hatte dann auch immer das Haus verlassen. Sie hatte dann ängstlich gewartet, ob die Mutter wiederkäme oder nicht. Jetzt, da sie erwachsen war, fühlte sie sich sehr einsam. Noch nie hatte sie einen Freund gehabt. Sie hatte den Eindruck, dem Leben nicht gewachsen zu sein.

Frau G.'s ABC der Gefühle sieht, hier stark vereinfacht, so aus:

A: Situation:
Die Eltern von Frau G. hatten Frau G. nicht geplant. Sie sahen sie als Belastung und Grund, die Partnerschaft aufrechtzuerhalten. Sie teilten ihr mit, daß sie schuld an deren Problemen sei. Die Mutter hatte Asthmaanfälle und häufig gedroht, die Familie zu verlassen. Der Vater hat getrunken.

B: Bewertung und Schlußfolgerung von Frau G.:
Ich bin schuld, daß es meinen Eltern schlecht geht. Ich bin nur eine Belastung. Ich bin nicht liebenswert und verdiene es nicht, glücklich zu sein.

C: Gefühle und Verhalten:
Schuldgefühle, Angst vor Nähe und Kontakten, Selbsthaß, Unfähigkeit, sich zu freuen, zwei Selbstmordversuche

Wenden wir die beiden Regeln für hilfreiches Denken auf Frau G.'s Geschichte an, so ergibt sich folgendes Bild:
Tatsache ist, daß Frau G. nicht eingeplant war. Sie war sozusagen ein „Betriebsunfall". Ihre Eltern haben ihr dies immer wieder mitgeteilt. Als Kind konnte sie noch nicht dagegen argumentieren, sondern mußte sich schuldig fühlen. In Wirklichkeit lag es in der Verantwortung der Eltern, für Empfängnisverhütung zu sorgen. Frau G. kann auch nichts dazu, daß die Eltern sich infolge der Schwangerschaft entschieden ha-

ben, zusammenzubleiben. Es lag nicht in ihrer Verantwortung, daß die Eltern nicht gut miteinander auskamen, der Vater trank und die Mutter unter Asthmaanfällen litt. Sie war für ihre Eltern sicher manchmal eine Belastung, doch nicht deshalb weil sie als Mensch eine Belastung war. Sie war eine Belastung als zusätzliches Familienmitglied, das die Lebensbedingungen der Familie G. veränderte. Sie ist wie jeder andere Mensch liebenswert, auch wenn ihre Eltern ihr keine oder wenig Liebe entgegenbringen konnten. Diese Unfähigkeit ist in den Erwartungen und Einstellungen der Eltern begründet und nicht in der Person von Frau G. Wie jeder andere Mensch hat sie das Recht, sich das Leben so angenehm wie möglich zu machen, ihre Interessen zu verwirklichen und ihr Leben zu genießen. Die Gedankengänge und die daraus resultierenden Schuldgefühle von Frau G. sind verstehbar, doch helfen sie ihr nicht, zumindest jetzt als erwachsener Mensch ein zufriedenes Leben zu führen. Sie führen dazu, daß sie depressiv wird, keinen Kontakt zu anderen Menschen aufnehmen kann und gefährdet ist, sich das Leben zu nehmen.

Frau G. kann jetzt als erwachsener Mensch neue Entscheidungen treffen. Sie kann sich bewußtmachen, daß es einen Unterschied gibt zwischen der Meinung bzw. dem Verhalten anderer und dem Wert ihrer Person. Andere Menschen sind nicht immer in der Lage, sie so anzunehmen, wie sie ist. Deshalb ist es wichtig für sie, als allererstes daran zu arbeiten, sich selbst anzunehmen und zu lieben. Sie hat ein Recht darauf, auf der Welt zu sein und Bedürfnisse zu haben, ein Recht darauf, daß es ihr gutgeht, sie Kontakt zu anderen Menschen hat. Es wird für sie sehr schwer sein, diese neuen Einstellungen zu erarbeiten, doch sie besitzt die Fähigkeiten hierzu. Im Verlaufe der Einstellungsveränderungen zu sich wird es sicher auch eine Zeit geben, in der sie den Eltern gegenüber Wut oder gar Haß entwickelt, so behandelt worden zu sein.

Viele für uns schädliche Verhaltensweisen, die wir als Erwachsene zeigen, haben ihre Wurzeln in der Kindheit bzw. in Einstellungen, die wir uns als Kinder angeeignet haben. Wir werden süchtig, weil wir uns selbst hassen. Der Vater hat uns als kleines Mädchen sexuell mißbraucht und wir haben daraus die Schlußfolgerung gezogen, daß es an uns liegen müsse und wir ablehnenswert seien. Wir fühlen uns zeitlebens schuldig, weil wir glauben, Schuld an der Krankheit oder dem Tod unserer Mutter zu sein. Wir werden zu workoholics (arbeitssüchtig), weil wir den Eltern beweisen wollen, daß wir doch nicht so schlecht und unfähig sind. Wir machen eine Ausbildung, die nicht unseren Vorstellungen entspricht, wir heiraten einen Partner, den wir nicht lieben, wir wohnen bei den Eltern, wir bauen ein Haus, bekommen Kinder, wandern nicht aus, treten nicht aus der Kirche aus, nehmen die Eltern mit in unseren Urlaub, weil wir den Eltern nicht wehtun wollen. Wir leben ein Leben, das wir nicht leben wollen, weil wir unsere Eltern schützen wollen und uns für deren Gefühle verantwortlich fühlen. Häufig sind wir uns dieser unbewußten Schuldgefühle nicht bewußt. Wir sind uns nicht bewußt, daß wir aus Angst, sie zu verletzen, unsere eigenen Bedürfnisse verraten.

Wenn Sie in Ihrem Leben scheinbar wider besseres Wissen Dinge tun, die Ihnen schaden, dann sollten Sie hellhörig werden. Sie sollten sich überlegen, ob Sie vielleicht mit Hilfe eines Therapeuten nach den Ursachen für Ihr schädliches Verhalten suchen. Stellen Sie sich die Fragen:

- Was würde sich denn ändern, wenn ich meiner bewußten Vorstellungen und Wünschen entsprechend handeln würde?
- Wovor habe ich dann Angst?

Wenn sich herausstellt, daß Sie sich nur so verhalten, weil Sie den Regeln und Erwartungen der Eltern oder anderer wichtiger Bezugspersonen entsprechen, deren Anerkennung haben oder sie vor negativen Gefühlen schützen wollen, dann ist es sinnvoll, an der Einstellung zu arbeiten, daß Sie die Anerkennung dieser Menschen nicht unbedingt benötigen. Seelische Gesundheit beinhaltet, daß Sie sich entsprechend Ihrer Wertvorstellungen verhalten. Sie sind auch nicht verantwortlich für die Gefühle Ihrer Eltern (s. hierzu Kapitel 7).

Fallbeispiel: „Ich habe meinen Mann betrogen".

Frau N. kam in die Praxis, weil sie, wie sie es ausdrückte, „sich nicht mehr im Spiegel ansehen könne". Sie hätte sich am liebsten voller Ekel angespuckt, eine solche Abneigung empfand sie gegenüber sich selbst. Sie warf sich vor, ihren Mann mit seinem besten Freund betrogen zu haben, während ihr Mann sich nichtsahnend auf Geschäftsreise befand. Der Freund ihres Mannes hatte angerufen und gefragt, ob sie Lust hätte, mit ihm essen zu gehen. Nach ein paar Gläschen Alkohol hatte er sie nach Hause gefahren und dann war er noch mit in die Wohnung gekommen. Sie hatte ihm absolut vertraut. Auf dem Sofa war er ihr dann immer näher gekommen und sie hatte sich auch nicht gewehrt. Irgendwann hatten sie dann miteinander geschlafen und er war auch über Nacht geblieben, hatte zudem noch im Ehebett geschlafen. Sie konnte sich nicht verzeihen, ihren Mann in seinen eigenen vier Wänden mit seinem besten Freund betrogen zu haben. Früher hatte sie immer voller Verachtung auf andere geschaut, die dem Partner Hörner aufgesetzt hatten, nun gehörte sie selbst dazu.

Frau N.'s ABC der Gefühle sieht so aus:

A: Situation:
Frau N. geht mit dem besten Freund ihres Mannes aus, hat anschließend sexuellen Kontakt mit ihm und schläft mit ihm im Ehebett.

B: Frau N.'s Bewertung und Schlußfolgerung:
Ich habe meinen Mann betrogen. Das hätte ich nicht tun dürfen. Ich bin eine verabscheuungswürdige Hure.

C: Gefühle, Körperreaktion und Verhalten:
Selbstverachtung, Ekel, traut sich nicht, ihrem Mann in die Augen zu schauen, Schuldgefühle.

Wenn wir Frau N.'s Einstellung mit den beiden Regeln überprüfen, können wir zu folgender Korrektur kommen:

Tatsache ist, daß Frau N. ihr Versprechen, ihrem Mann die eheliche Treue zu halten, gebrochen hat. Sie hat mit dem besten Freund ihres Mannes geschlafen und ihren moralischen Grundsätzen zuwidergehandelt. Das ist ein Fehler, den sie sich eingestehen muß. Sie hat jedoch nur ein einziges Mal mit dem Freund, und nur mit dem Freund geschlafen. Die Bewertung „Hure" ist deshalb eine Übertreibung. Es ist in Ordnung, wenn sie ihr Verhalten verurteilt und bereut, doch ist es nicht hilfreich, wenn sich Frau N. als Mensch verabscheut. Sie hat sich bisher dem Partner gegenüber loyal verhalten und an die Absprachen gehalten. Sie war bisher eine gute Partnerin und dies kann nicht durch ein einziges Fehlverhalten in Frage gestellt werden. Frau N. ist ein fehlerhafter Mensch, der ebenso wie andere nicht immer seinen Vorsätzen folgt.

Mit ihren Schuldgefühlen riskiert Frau N. die Partnerschaft. Sie kann ihrem Mann nicht mehr in die Augen sehen und empfindet kein sexuelles Verlangen mehr nach ihm. Schuldgefühle können weder ihr Verhalten ungeschehen machen, noch zukünftiges Fremdgehen vermeiden. Hilfreicher ist es für Frau N., sich zu fragen, wie es dazu kommen konnte, und wie sie so etwas in Zukunft verhindern kann. Sie kann daran arbeiten, sich den Fehltritt zu verzeihen. Sie ist ein fehlerhafter Mensch, der nicht immer nach seinen Prinzipien lebt. Ihr Fehltritt widerspricht zwar ihren Normen, ist jedoch menschlich. Sie kann es bei einem einmaligen Fehlverhalten belassen. Ihre Liebe zum Partner wird hierdurch nicht in Frage gestellt. In einem weiteren Schritt muß sie sich überlegen, ob sie dem Partner ihren Fehltritt offenbart oder nicht.

Fallbeispiel: „Ich bin schuld, daß meine Tochter verunglückt ist".

Herr R. hatte seiner Tochter zum 18. Geburtstag ein nagelneues Auto geschenkt. Seine Tochter war überglücklich und machte sich gleich am Abend mit zwei Freundinnen zusammen auf die erste Spritztour. Um 23 Uhr bekam Herr R. einen Anruf von der Polizei, daß seine Tochter mit dem Wagen ver-

unglückt und schwer verletzt sei. Die beiden Freundinnen waren mit leichteren Verletzungen davongekommen. In der Klinik erfuhr er, daß seine Tochter eine Hirnquetschung erlitten hatte. Inzwischen waren zwei Monate vergangen und seine Tochter war aus der Klinik entlassen worden. Nach Aussagen der Ärzte wird sie aber wahrscheinlich zeitlebens unter epileptischen Anfällen leiden. Herr R. kam in Therapie, weil er glaubte, sich nie mehr glücklich fühlen zu können. Er gab sich die Schuld daran, daß seine Tochter ein Leben lang Medikamente einnehmen muß und kein normales Leben mehr führen kann. Immer wieder machte er sich Vorwürfe, schuld daran zu sein, daß die Tochter ihr Studium nicht beginnen könnte und ihr Leben verpfuscht wäre.

Wie immer zunächst Herrn R.'s ABC:

A: Situation:
Die Tochter bekommt von Herrn R. zum 18. Geburtstag ein Auto geschenkt und erleidet infolge eines Autounfalls, den sie selbst verschuldet hat, eine Hirnquetschung.

B: Bewertung und Schlußfolgerung von Herrn R.:
Ich hätte ihr kein Auto schenken dürfen. Ich hätte sie nicht allein mit dem Auto fahren lassen dürfen. Ich bin schuld an ihrer lebenslangen Behinderung. Ich habe ihr Leben verpfuscht.

C: Gefühle, Körperreaktion und Verhalten:
Schuldgefühle, Kopfschmerzen, Nachlassen der Leistungsfähigkeit im Beruf, Reizbarkeit, Rückzug aus dem Bekanntenkreis.

Überprüfen wir Herrn R.'s Selbstgespräch mit den beiden Regeln für hilfreiches Denken und schauen uns die Korrektur an.

Tatsache ist, daß Herr R. seiner Tochter das Auto, das sie sich so sehr gewünscht hatte, zum 18. Geburtstag geschenkt hat. Gleichzeitig hatte die Tochter die Fahrschule abgeschlossen und ihren Führerschein erhalten. Herr R. hatte ihr das

Auto geschenkt, weil er es in der heutigen Zeit als absolut notwendig ansah, einen fahrbaren Untersatz zu haben, und weil er ein guter Vater sein wollte. Weil er ihr sein Vertrauen in ihre Fähigkeiten beweisen wollte, ließ er sie alleine mit dem Auto losfahren. Er hatte also von seiner Einschätzung her keinerlei Gefahr gesehen und konnte deshalb auch nicht anders handeln, als ihr das Auto zu geben. Herr R. konnte nicht vorhersehen, daß sie einen Unfall haben würde. Es ist irrational, zu glauben, daß er schuld an der Behinderung seiner Tochter sei. Er war beteiligt, indem er ihr den Wagen schenkte. Dazu kamen das Fahrverhalten des Autos, der Fahrstil der Tochter, die Situation auf der Straße, wie die Tochter ihr Fahrverhalten selbst einschätzte und was sie sich zutraute. Die Tochter von Herrn R. ist erwachsen und selbst verantwortlich für ihr Verhalten. Es ist also wenig sinnvoll für Herrn R., sich dafür zu beschuldigen, ihr Leben verpfuscht zu haben. Es ist bedauerlich, daß es zu dem Unfall kam, doch die Schuldgefühle können diesen Unfall nicht ungeschehen machen.

Selbstvorwürfe und damit einhergehende Schuldgefühle sind nicht hilfreich für Herrn R. Er bekommt psychosomatische Beschwerden und riskiert möglicherweise seine Stelle. Arbeitslos oder berufsunfähig kann er der Tochter noch viel weniger Unterstützung geben.

Für Herrn R. ist es deshalb besser, zu lernen, die Situation zu akzeptieren und sich den neuen Umständen anzupassen. Folgende neue Sichtweisen muß er sich zu eigen machen, um seine Schuldgefühle abzubauen:

1. Er kann nur so handeln, wie er es in dem betreffenden Augenblick sieht.
2. Er kann nicht in die Zukunft sehen.
3. Er ist nicht für jedes Ereignis verantwortlich. Meist spielen andere Faktoren und andere Menschen mithinein.
4. Manches ist nicht so schlimm, wie er es einschätzt. Er muß lernen, nicht überzudramatisieren. Eine Epilepsie-Erkrankung ermöglicht dennoch ein weitgehend normales Leben.

Fallbeispiel: „Ich bin schuld, daß mein Freund sich das Leben genommen hat".

Frau M., 27 Jahre alt, wandte sich an mich, weil sie unter schweren Depressionen und Schuldgefühlen litt, seit ihr Freund sich in der Garage das Leben nahm. Sie und ihr Freund kannten sich drei Jahre und hatten vor zu heiraten. An dem Tag, als das tragische Ereignis passierte, hatten sie sich gestritten. Wenn Frau M. zurückblickte, war es kein besonders schlimmer Streit und kein besonders aufregendes Thema gewesen. Sie hatte ihn schon seit längerer Zeit darum gebeten, einmal nach dem defekten Staubsauger zu schauen, und er hatte es bisher noch nicht erledigt. „Du hast immer noch nicht nach dem Staubsauger geschaut. Ich habe es dir schon so oft gesagt. Alles andere ist dir wichtiger", so ähnlich hatte sie ihn angesprochen. Ihr Freund fühlte sich von ihr unter Druck gesetzt, beschwerte sich, „daß sie ständig an ihm herumnörgelte und ihm das auf den Geist ginge", und verzog sich wütend in die Garage neben dem Haus. Als er nach ein paar Stunden noch nicht zurück war, ging sie in die Garage und fand ihn tot vor. Seitdem verfolgte sie Tag und Nacht dieses Bild und sie machte sich für seinen Tod verantwortlich. Sie hatte sich bisher nicht getraut, mit jemand anderem darüber zu sprechen - aus Angst, dieser könnte ihre Gedanken bestätigen und sie offen anklagen.

Frau M.'s Erfahrungen sehen im ABC der Gefühle so aus:

A: Situation:
Frau M. streitet mit ihrem Partner über die anstehende Reparatur des Staubsaugers. Ihr Freund wirft ihr vor, daß sie an ihm ständig herumnörgelc und ihm das auf den Geist gehe, und geht in die Garage. Nach ein paar Stunden findet sie ihn tot.

B: Bewertung und Schlußfolgerung von Frau M.:
Ich hätte ihm keine Vorwürfe machen sollen. Ich bin schuld an seinem Tod.

C: Gefühle, Körperreaktion und Verhalten:
Depressionen, Schuldgefühle, Schlafstörungen, Grübeleien, Rückzug aus dem Freundeskreis

Wenn wir die beiden Regeln auf das ABC anwenden, können wir die Bewertung und Schlußfolgerung von Frau M. folgendermaßen korrigieren:

Tatsache ist, daß Frau M. ihrem Freund Vorwürfe gemacht hat. Sie ist enttäuscht, daß er ihrem Wunsch nach der Reparatur des Staubsaugers bisher nicht nachgekommen ist, und übertreibt ihren Vorwurf ein wenig. Diese Übertreibung mit Worten wie „Nie machst du ...", „Immer tust du ..." , „Du hast immer noch nicht ..." verwenden Menschen meist dann, wenn sie wütend und enttäuscht sind. Ganz sicher wollte Frau M. ihren Freund mit den Vorwürfen nicht stark verletzen und schon gar nicht in den Tod treiben. Sie konnte nicht vorhersehen, daß ihr Freund sich nach dem Streit entscheidet, aus dem Leben zu scheiden. Was in ihm vorgegangen ist, weshalb er zu diesem Zeitpunkt zu dieser Entscheidung kam, kann niemand wissen. Möglicherweise hatte er Konflikte im Büro, mit Freunden, fühlte sich überfordert, befand sich in einer generellen Lebenskrise oder litt unter einer endogenen Depression. Ganz sicher war das Verhalten von Frau M. kein „schlimmes" Verhalten, das einen Selbstmord auslösen mußte. Es gibt andere Möglichkeiten, auf solche Vorwürfe zu reagieren - so wie es ihr Freund sonst immer machte: mit Wut und ebenfalls mit Vorwürfen oder Türenknallen und Rückzug. Es war die alleinige Entscheidung des Freundes, den Freitod zu wählen. Frau M. überteibt ihre Verantwortung für die Situation: Sie kann Gefühle und Verhalten des Freundes nicht steuern. Selbst aber wenn ihr Verhalten wirklich völlig unangemessen gewesen wäre, so ist es menschlich, auch mal unangemessen zu reagieren. Frau M. war enttäuscht und verärgert und deshalb hat sie ihrem Freund Vorwürfe gemacht. Ein unpassendes Verhalten - selbst wenn es zu solchen Folgen führt, macht Frau M. nicht zu einem verabscheuungswürdigen Menschen. Die Selbstverurteilung hilft Frau M. nicht, mit der Situation fertig zu werden und Kraft zu finden, sich eine neue Lebensperspektive aufzubauen.

Frau M. kann lernen, die Entscheidung des Freundes, aus dem Leben zu gehen, anzunehmen. Er hat das Recht dazu, dies zu tun, auch wenn es wahrscheinlich andere bessere Lösungsmöglichkeiten für ihn gegeben hätte. Sie selbst ist nicht für sein Verhalten verantwortlich, selbst wenn sie ihm noch so schlimme Dinge gesagt hätte. Sie kann lernen, sich nachzusehen, ihre Wut und Enttäuschung in Form von Vorwürfen ihrem Freund gegenüber geäußert zu haben. Das Leben geht für Frau M. weiter. Sie hat die Entscheidung, es mit oder ohne Schuldgefühle zu leben.

Die Trennung von A, der Situation, und B, unserer Bewertung

Gerade an diesem Beispiel können wir gut sehen, wie wichtig es ist, zwischen den Ereignissen (A) und unserem Selbstgespräch (B) zu trennen. Da gibt es A, den Selbstmord des Freundes. Dieses Ereignis ist Grund, traurig über den Verlust zu werden. Es ist auch Anlaß, sich zu fragen, inwieweit eigenes Verhalten an der Reaktion des Freundes beteiligt war. Und es ist Grund zu bedauern, daß es zu einer solchen Verknüpfung von Umständen kam.

Mit Schuldgefühlen reagieren wir dann, wenn wir einen ursächlichen 100%igen Zusammenhang zwischen dem Ereignis A und unserem Verhalten sehen. Wir tun etwas und die scheinbar zwangsläufige Folge unseres Verhaltens ist der Tod oder Selbstmord eines anderen Menschen. Meist stimmt dieser Zusammenhang nicht, denn wir können durch unser Verhalten keinen anderen Menschen zum Selbstmord bewegen. Er selbst trifft die Entscheidung, aus dem Leben zu gehen. Wir haben lediglich einen Einfluß auf das Verhalten des anderen, aber keine Kontrolle. Nur wenn wir uns ganz deutlich vor Augen führen, daß wir möglicherweise zwar dazu beigetragen, aber den Selbstmord nicht verursacht haben, können wir uns von Schuldgefühlen lösen. Das Ereignis A können wir nicht mehr ändern, nur noch bedauern, aber die quälenden Selbstvorwürfe und Schuldgefühle können wir ablegen.

„Kann man denn so leichtfertig den Tod eines Menschen abtun?" Mit diesem Einwand reagieren viele Klienten, wenn sie einen nahestehenden Menschen durch Selbstmord verloren haben und ich, ähnlich wie bei Frau M., argumentiere. Der Tod eines Menschen und insbesondere der Verlust durch einen Freitod sind meist sehr schmerzliche Erfahrungen. Wir verspüren Hilflosigkeit und suchen nach einer Erklärung für dieses zunächst unfaßbare Ereignis. Wenn wir eine Erklärung finden, so glauben wir, fällt es uns leicher, dieses Ereignis anzunehmen. Doch dabei begehen wir einen Trugschluß: Wenn wir Zusammenhänge sehen, wo es gar keine gibt, und uns die Schuld für etwas geben, was wir nur gering oder überhaupt nicht steuern können, dann werden wir uns zeit unseres Lebens, solange wir diese Einstellung beibehalten, mit Schuldgefühlen quälen.

Während des Trauerprozesses ist es völlig normal, nach dem Verlust eines Menschen durch Tod oder Freitod, eine Zeitlang über Schuld nachzudenken und mit Schuldgefühlen zu reagieren. Es ist auch normal, sich dafür schuldig zu fühlen, weiterzuleben, während der Partner nicht mehr leben darf. Schädlich wird es, wenn wir uns in eine Schuld verstricken, die wir nicht auflösen können. Viele Menschen erklären sich dafür schuldig, daß sie ihren Partner oder ihr Kind nicht frühzeitig zum Arzt geschickt haben, daß sie nicht dawaren, um den Arzt noch rechtzeitig zu rufen, daß sie nicht auf einen Arztwechsel gedrängt haben, daß sie nicht noch eine andere Heilmethode ausprobiert haben, daß sie keine Privatbehandlung haben durchführen lassen, daß sie den falschen Arzt, die falsche Klinik, das falsche Medikament gewählt haben, daß sie sich vor der Behandlung nicht ausführlich genug informiert haben, daß sie sich nicht intensiver um neue Forschungsergebnisse gekümmert haben, daß sie den Partner oder das Kind nicht sorgfältiger beobachtet und Veränderungen bemerkt haben, und, und, und. Meist gibt es keinen eindeutigen ursächlichen Zusammenhang zwischen dem eigenen Verhalten und dem Tod eines anderen oder es sind viele weitere Faktoren mit ausschlaggebend. Hinter all diesen Vorwürfen steht die Suche nach einer Erklärung für ein Ereignis, dem wir hilflos gegenüberstehen. Einen Schuldigen zu finden - in diesem Fall uns selbst - macht das Ereignis Tod (scheinbar) kontrollierbar.

Der Tod eines Menschen bietet uns aber noch viele weitere Möglichkeiten, uns Schuldgefühle zu erzeugen. Wir werfen uns vor, den Verstorbenen zu häufig kritisiert zu haben, uns nie um Verständnis bemüht zu haben, ihm zu selten gesagt zu haben, daß wir ihn lieben. Wir vermissen ihn und sehen ihn plötzlich in einem anderen Lichte: nur noch seine positiven Seiten. Demzufolge verspüren wir das Bedürfnis, ihm Gutes zu tun oder Nettes zu sagen. Da wir es ihm nicht mehr sagen können, verspüren wir Verzweiflung und Hoffnungslosigkeit. Wir stellen uns Fragen wie: „Womit habe ich das verdient? Was habe ich falsch gemacht, daß mein Partner sterben muß?" und suchen nach schuldhaftem Verhalten. Manche Menschen werfen sich auch vor, nicht oder zu wenig um den Toten zu trauern, nicht um ihn weinen zu können. Aber auch Ärger- und Haßgefühle können nach dem Tod eines Menschen auftauchen. Wir fühlen uns von ihm im Stich gelassen, werfen ihm vor, uns mit all den Problemen sitzengelassen zu haben, sein Versprechen der ewigen Treue gebrochen zu haben, nicht genügend auf seine Gesundheit geachtet zu haben. Wenn wir diese negativen Gefühle bei uns entdecken, erzeugen wir uns möglicherweise wiederum Schuldgefühle, einem Toten gegenüber Haß zu empfinden. Im Verlauf einer Trauerbewältigung ist es jedoch ganz natürlich, verschiedene Phasen mit ganz unterschiedlichen Gefühlen zu durchlaufen. Schock und Verleugnung, Depression, Angst, Schuldgefühle, Wut, aber auch ein neu erwachsendes Selbstvertrauen und Hoffnung gehören bei den meisten Menschen dazu. Wenn Sie sich gerade in einer Trauerphase befinden, dann möchte ich Sie in meinem Buch „Einen geliebten Menschen verlieren" ein Stück durch die Trauer begleiten. Bitte schauen Sie doch einmal hinein.

Fallbeispiel: „Ich habe meinen Mann alleine sterben lassen".

Frau E., 56 Jahre alt, suchte meine Unterstützung ca. zwei Jahre nach dem Tod ihres Mannes. Sie hatte eine glückliche Ehe gelebt und zwei Kinder groß- gezogen. Ihr Mann war seit seinem 50. Lebensjahr wegen eines Krebsleidens frühberentet gewesen und sie verlebten bis zu seinem Tode noch eine sehr in- tensive gemeinsame Zeit. Frau E. durchlief mit ihrem Mann zusammen eine Odyssee von einem Arzt zum anderen, schlief während seines Klinikaufent- halts sogar mit ihm zusammen im Klinikzimmer. Nichts war ihr zu viel, um für sein Überleben zu kämpfen. Als die Ärzte ihn aufgegeben hatten, versorgte sie ihren Mann zuhause. An dem Tag, als er starb, verließ sie für nur zwei Stunden die Wohnung, um selbst den Arzt aufzusuchen. Vom Arzt zurückge- kehrt, fand sie ihren Mann tot neben dem Sessel liegend. Eine Zeitlang war sie in einem Schockzustand, so daß sie die Beerdigung gar nicht richtig miter- leben konnte. Wie in Trance erledigte sie alle Formalitäten. Doch mit der Zeit quälte sie sich immer häufiger mit Vorwürfen, daß sie am Todestag ihres Mannes nicht aus dem Haus hätte gehen dürfen. Ganz besonders schlimm für Frau E. war, daß sie ihrem Mann versprochen hatte, während des Ster- bens bei ihm zu sein, und ihm diesen letzten Wunsch nicht hatte erfüllen kön- nen. Sie, die ihrem Mann versprochen hatte, immer für ihn dazusein, hatte ihn in diesem entscheidenden Augenblick im Stich gelassen. Frau E. sah kei- nen Weg, sich jemals von dieser Schuld zu befreien.

Auch auf das Beispiel von Frau E. können wir wieder das ABC der Gefühle anwenden:

A: Situation:
Frau E. kommt vom Arztbesuch nach Hause und findet ihren Mann tot vor.

B: Bewertung und Schlußfolgerung von Frau E.:
Ich hätte meinen Mann heute nicht allein lassen dürfen. Ich habe ihm versprochen, bei ihm zu sein, wenn er stirbt, und habe ihn im Stich gelassen. Ich habe versagt.

C: Gefühle, Körperreaktion und Verhalten:
Schuldgefühle, Depressionen, innere Unruhe, Appetitver- lust, Schlafstörungen, Einnahme von Beruhigungsmitteln

Nach der Anwendung der beiden Regeln für hilfreiches Denken: „Entsprechen Bewertung und Schlußfolgerung den Tatsachen?" und „Helfen die Bewertung und Schlußfolgerung Frau E., sich so zu fühlen und verhalten, wie sie es möchte?" kann Frau E. ihre Bewertung so verändern:

Tatsache ist, daß Frau E.'s Mann genau zu dem Zeitpunkt gestorben ist, als sie beim Arzt war. Sie konnte deshalb nicht bei ihm sein, als er starb. Dies ist sehr bedauerlich, denn es war ihr innigstes Bedürfnis, während des Sterbeprozesses bei ihrem Mann zu sein. Hätte sie es vorab gewußt, hätte sie ihren Arzttermin aufgeschoben, doch sie kann es nicht vorhersehen. Es stimmt nicht, daß sie ihn im Stich gelassen hat. Sie hat die letzten Jahre ihre ganzen Kräfte darauf verwandt, ihren Mann zu pflegen. Sie hat sich sogar selbst an den Rand der Erschöpfung damit gebracht. Es war ein unglückliches Zusammentreffen, daß Frau E. zum Arzt ging und ihr Mann während ihrer Abwesenheit verstarb. Leider konnte sie ihm diesen letzten Liebesdienst nicht erweisen.

Wenn Frau E. sich für dieses unglückliche Zusammentreffen der Umstände verantwortlich macht, dann wird sie immer unter Schuldgefühlen leiden müssen. Sie kann damit nichts ungeschehen machen und wird ihre Trauer nicht überwinden können. Sie ist dann auch gefährdet, tablettenabhängig zu werden, denn sie nimmt Beruhigungsmittel ein, um ihre innere Unruhe abzubauen.

Will sie ihre Gedanken und Kräfte wieder auf die Zukunft richten, muß sich Frau E. immer wieder verdeutlichen: Es ist sehr bedauerlich, aber sie ist nicht dafür verantwortlich, daß sie beim Ableben ihres Mannes nicht dabei war. Sie muß akzeptieren lernen, daß sie nicht in die Zukunft sehen kann. So weit es in ihrer Macht stand, hat sie die Versprechen, die sie ihrem Mann gegeben hat, eingehalten.

Fallbeispiel: „Ich bin aus der Rolle gefallen und hätte meinen Mann am liebsten umgebracht".
Frau T., 42 Jahre, war seit 11 Jahren verheiratet. Sie führte mit ihrem Partner eine Ehe mit Höhen und Tiefen. Eine Zeitlang hatte ihr Mann eine Geliebte,

die er jedoch seit einem Jahr wieder aufgegeben hatte. Seit dieser Zeit wurde nicht mehr über den Seitensprung gesprochen, wenngleich es ihr manchmal noch wehtat. Frau T. und ihr Mann waren eines Tages zu einem Fest eingeladen, als Frau T. vor allen Gästen die Fassung verlor. Ihr Mann hatte den ganzen Abend über mit einer jungen Frau geflirtet. Sie hatte den Eindruck, fünftes Rad am Wagen zu sein und wieder in die Rolle einer betrogenen Ehefrau hineinzugeraten. Sie konnte sich deshalb auf nichts anderes mehr konzentrieren und beobachtete unentwegt ihren Mann. Irgendwann wurde es ihr zu bunt. Sie sprang auf und schrie ihren Mann lauthals an: „Du altes Schwein. Ein zweites Mal machst du das nicht mit mir. Wenn du herumhuren willst, dann kannst du gleich ausziehen". Ihr war es in diesem Augenblick völlig gleichgültig, was ihre Freunde über sie dachten. Sie verspürte eine grenzenlose Wut und hätte am liebsten noch die Weinflasche auf seinem Kopf zerschlagen. Es wäre ihr sogar recht gewesen, wenn er tot umgefallen wäre. Dann riß sie ihre Tasche an sich, griff den Autoschlüssel und stürzte aus dem Haus des Gastgebers. Im Rückblick wußte sie nicht mehr, wie lange sie mit dem Auto ziellos durch die Nacht irrte. Was Frau T. in die Therapie trieb, war die Angst vor ihren eigenen Gefühlen. Sie hatte sich noch niemals so wütend erlebt. Sie warf sich vor, völlig die Kontrolle über sich verloren zu haben. In ihren Augen hatte sie sich vor all den Leuten gehengelassen und maßlos blamiert.

Ordnen wir das Erlebnis von Frau T. ins ABC der Gefühle ein:

A: Situation:
Frau T. ist zusammen mit ihrem Mann auf dem Fest eingeladen. Ihr Mann unterhält sich mit einer jungen Frau, was sie als Flirten deutet. Sie schreit ihn an: „Du altes Schwein. Ein zweites Mal machst du das nicht mit mir. Wenn du herumhuren willst, dann kannst du gleich ausziehen".

B: Bewertung und Schlußfolgerung von Frau T.:
Ich habe die Kontrolle verloren. Ich habe mich gehengelassen und maßlos blamiert. Das hätte mir nicht passieren dürfen.

C: Gefühle und Verhalten:
Schuldgefühle, Selbstzweifel, Angst vor den eigenen Gefühlen, Scham

Die 2 Fragen für hilfreiches Denken können wir folgendermaßen beantworten:
Tatsache ist, daß Frau T. ein für sie ungewöhnliches Verhalten gezeigt hat. Sie hat Wutgefühle nach außen dringen lassen. Sie hat nicht die Kontrolle verloren, sondern sich wütend gemacht und die Wut offen gezeigt. Ihre Wut entstand, weil sie das Verhalten ihres Mannes als Flirten interpretierte, sich an die Zeit mit seiner Geliebten erinnerte und sich vorstellte, daß er erneut ein Verhältnis anfangen würde. Mit solchen Gedanken mußte sie wütend reagieren, auch wenn sie es von sich nicht gewöhnt war und nicht haben wollte. Sie hatte alles getan, um eine solche Wut zu entwickeln. Ob sie sich mit ihrem Verhalten maßlos blamiert hat, kann sie nicht wissen. Das hängt davon ab, wie die anderen Gäste ihr Verhalten bewertet haben. Manche wußten vielleicht von dem damaligen Verhältnis ihres Mannes und konnten deshalb ihr Verhalten verstehen. Andere waren vielleicht schon einmal in einer ähnlichen Situation. Dritte kannten solche Wutausbrüche vielleicht von sich und sahen sie nicht als so schlimm. Andere wiederum haben dies als Unterhaltungseinlage gesehen. Einige haben sich vielleicht beruhigt gefühlt, daß in anderen Partnerschaften auch mal Konflikte aufkommen. Einige haben ihr Verhalten vielleicht tatsächlich als peinlich und empörend bewertet. Kurzum, Frau T. kann nicht wissen, ob andere dies als Blamage ansahen. Selbst wenn es aber so wäre, kann sie daran nichts ändern. Es ist deren Meinung und sie haben ein Recht dazu. Sie kann jedoch darüber entscheiden, wie sie mit diesem Erlebnis umgeht.
Selbstverurteilung und daraus sich entwickelnde Schuldgefühle sind nicht hilfreich. Sie verhindern auch nicht, daß sie nicht noch einmal „explodiert". Ihre Angst vor einem erneuten Ausbruch, führt eher dazu, daß sie nochmals explodiert.
Statt sich Schuldgefühle zu machen, ist es besser für Frau

T., in einem ersten Schritt zu lernen, ihre Wutgefühle zu akzeptieren. Sie hat sich durch das Verhalten ihres Mannes bedroht gefühlt und dann ist es menschlich, mit Wut zu reagieren. Erst wenn sie selbst ihren Wutausbruch akzeptiert, kann sie sich unabhängiger von der Meinung anderer machen. Ihr Wutausbruch war einmalig und kann nicht das gesamte Bild, das andere Menschen von ihr haben, in Frage stellen.

In einem zweiten Schritt ist es sinnvoll für Frau T., daran zu arbeiten, Enttäuschung und Wut frühzeitig auszudrücken und mit ihrem Partner darüber zu sprechen. Wutgefühle sind ein Alarmsignal, daß etwas nicht nach den eigenen Vorstellungen verläuft.

Wut, Eifersucht und Gewalt

Wutgefühle entstehen, wann immer wir bestimmte Erwartungen haben, Forderungen stellen und diese nicht erfüllt werden. Gedanken wie „Wie kann er nur ... Das ist unfair, gemein ... Das darf der andere nicht ..." lösen die Wutgefühle in uns aus. Im Fall von Frau T. waren diese Wutgefühle mit Eifersuchtsgefühlen vermischt: „Er mag die andere lieber. Ich bin ihm unwichtig, aber ich brauche ihn ..." Hinter den Eifersuchts- und Wutgefühlen steht ein geringes Selbstvertrauen. Verspüren wir Wutgefühle, dann haben wir nur noch die Möglichkeit, darüber zu entscheiden, wie wir mit ihnen umgehen. Wir können sie hinunterschlucken oder aus der Situation gehen; wir können sie ausdrücken, indem wir schreien und Vorwürfe machen, indem wir ruhig unsere Meinung äußern, oder auch indem wir gewalttätig werden. Eine der ineffektivsten Methoden, Wutausbrüche in der Zukunft zu vermeiden, ist es, sich Schuldgefühle danach zu machen. Solange wir nicht lernen, weniger Forderungen an unsere Umwelt zu stellen und uns weniger bedroht durch Verhalten und Meinung anderer zu sehen, werden wir immer wieder mit Wut oder gar körperlichen Angriffen reagieren. Ziel muß es sein, zu lernen, „großzügiger" zu denken, toleranter zu sein und mehr Selbstvertrauen zu entwickeln. In dem Buch „Gefühle verstehen, Probleme bewältigen", das ich zusammen mit meinem Mann geschrieben habe, werden Sie dazu viele Übungen finden.

Mythen zur Partnerschaft

Für den Bereich der Partnerschaft gibt es viele ungeschriebene Mythen, bei deren Nichtbefolgung wir mit Schuldgefühlen reagieren. Kommt Ihnen beispielsweise ein Teil der folgenden 7 Mythen bekannt vor?

1. Wenn man sich liebt, gibt es keinen Streit.
2. Zu zweit ist das Leben schöner als allein.
3. Es gibt nur einen einzigen Menschen, mit dem ich glücklich sein kann.
4. Wenn man sich liebt, dann tut man nie etwas, was der andere nicht mag.
5. Wenn ich meinen Partner wirklich liebe, kann ich ihm die Wünsche von den Augen ablesen.
6. Ich kann meinen Partner unglücklich machen. Nur ich kann meinen Partner glücklich machen.
7. Wahre Liebe bleibt für immer erhalten.

Sie ahnen sicher schon, was nun kommt? Ich möchte die Mythen vom Sockel holen. Die Wirklichkeit sieht so aus:

1. Auch wenn man sich liebt, gibt es ab und zu Uneinigkeit und unterschiedliche Vorstellungen. Schließlich treffen zwei Menschen mit unterschiedlichen Lebensgeschichten, Erfahrungen und Idealen aufeinander. Faires Streiten belebt die Partnerschaft und zeigt, daß beide sich trauen, Wünsche und Meinungen zu äußern. Es ist ganz im Gegenteil verdächtig, wenn es keinen Streit gibt. Entweder ein Partner läßt sich unterdrücken und macht sich klein oder ein Partner hat schon innerlich gekündigt.
2. Partnerschaft besteht aus dem Wechsel zwischen Nähe

und Distanz. Es ist ganz normal, wenn wir uns auch einmal vom Partner zurückziehen oder mit anderen Menschen treffen.

3. Jeder Mensch ist fähig, mit mehreren unterschiedlichen Menschen glücklich zu sein. Es ist möglich, verheiratet zu sein und dennoch einen anderen Menschen sympathisch und attraktiv zu finden. Wir können dann immer noch entscheiden, ob wir unseren Gefühlen ein Verhalten folgen lassen und beispielsweise fremdgehen.

4. Liebe heißt nicht, daß wir uns dem anderen anpassen und uns aufgeben müssen. Partnerschaft muß aus einem Gleichgewicht zwischen Geben und Nehmen bestehen. Liebe heißt auch, dem anderen mal etwas zuzugestehen, was uns nicht gefällt, aber diesem Spaß macht.

5. Liebe hat nichts mit Hellsehen zu tun. Wir können nur aus unserer Sicht und mit unserer Lebensgeschichte Dinge beurteilen. Wir brauchen offen formulierte Wünsche des Partners, um ihm diese erfüllen zu können. Unser Partner braucht von uns klar formulierte Wünsche, um dann entscheiden zu können, ob er sie verwirklicht oder nicht.

6. Um den Partner unglücklich zu machen, benötigen wir seine Erwartungen und müssen ein Verhalten zeigen, welches seinen Vorstellungen zuwiderläuft. Wir haben keine direkte Kontrolle über seine Gefühle, sondern nur Einflußmöglichkeiten. Für seine Glücksgefühle ist er selbst verantwortlich. Wenn er unser wohlgemeintes Verhalten negativ bewertet, wird er verhindern, daß er sich glücklich fühlt. Er kann sich auch selbst glücklich machen, indem er sich einen Sinn im Leben gibt und nach seinen Vorstellungen lebt.

7. Liebesgefühle müssen wir uns immer wieder neu erschaffen. Wir lieben den Partner, wenn er unsere Bedürfnisse befriedigt. Er liebt uns, wenn wir seine Erwartungen erfüllen. Die Liebesgefühle verschwinden, wenn sich die Vorstellungen und Bedürfnisse eines oder beider Partner ändern. Entweder erarbeiten sich beide dann ein neues Gleichgewicht oder die Partnerschaft zerbricht.

Zusammenfassend können wir schlußfolgern, daß es wenig sinnvoll ist, uns Schuldgefühle zu machen, wenn wir

- ab und zu mit dem Partner streiten,
- uns ab und zu vom Partner zurückziehen,
- auch andere Männer/Frauen sympathisch finden,
- ab und zu auf die Erfüllung unserer Wünsche bestehen,
- nicht immer wissen, was dem Partner gefällt,
- ab und zu negative Gefühle dem Partner gegenüber empfinden. Wir brauchen uns auch keine Schuldgefühle zu machen, wenn unser Partner sich in unserer Nähe mal nicht glücklich fühlt.

Fallbeispiel: „Ich belüge meine Frau".

Herr P., 39 Jahre, verheiratet, wandte sich wegen seiner Konzentrationsprobleme und dem Nachlassen seiner beruflichen Belastbarkeit an mich. Zudem quälten ihn Schlafstörungen und gelegentliches Herzstechen. Er pflegte seit Jahren neben seiner Ehe ein Verhältnis mit einer 15 Jahre jüngeren Frau. Seine Ehe beschrieb er mir als tot. Schon lange hätten sich seine Frau und er nichts mehr zu sagen. Wegen der Kinder, dem Haus und seiner beruflichen Position, die durch eine Trennung gefährdet wäre, würde er noch bei seiner Frau bleiben. Seine Frau liebte ihn nach wie vor. Deshalb hatte er ihr auch nichts von seiner Geliebten erzählt. Er wahrte seiner Frau gegenüber noch den Schein, fuhr mit ihr in Urlaub, verbrachte die Wochenenden mit ihr, aber sexuell lief nichts mehr. Die Zusammentreffen mit seiner Freundin tarnte er als Geschäftsessen, wichtige Arbeitssitzung oder Weiterbildungsseminar. Zunehmend fühlte er sich aber schlechter bei dieser Lügerei. Aus Angst, seiner Frau wehzutun, wenn er ihr die Wahrheit sagen würde, spielte er jedoch das Spiel weiter.

Das ABC der Gefühle von Herrn P. sieht wie folgt aus:

A: Situation:
Herr P. hat eine Freundin, die er regelmäßig besucht. Er verschweigt seiner Frau diese Beziehung. Die Zeit, die er mit seiner Freundin verbringt, tarnt er seiner Frau gegenüber als Geschäftsessen, Arbeitssitzung oder Seminar.

B: Herrn P.'s Bewertung:
Ich dürfte meine Frau nicht belügen. Ich müßte ihr die Wahrheit sagen, daß ich sie nicht mehr liebe. Wenn ich ihr aber die Wahrheit sage, tue ich ihr weh. Deshalb sage ich lieber nichts.

C: Gefühle, Körperreaktion und Verhalten:
Schuldgefühle, Konzentrations-/Schlafstörungen, Herzrasen, Nachlassen der Belastbarkeit, Belügen seiner Frau

Die Anwendung der beiden Regeln für hilfreiches Denken ergab folgende Korrektur:
Tatsache ist, daß Herr P. seine Frau belügt. Er hat das Recht, seine Partnerin zu belügen, so wie viele andere es auch tun. Lügen ist eine menschliche Verhaltensweise. Er widerspricht jedoch damit seinen moralischen Vorstellungen von einer fairen Partnerschaft. Anspannung und Unruhe sind also in diesem Zusammenhang berechtigt. Herr P. steht in einem Konflikt zwischen zwei sich widersprechenden Prinzipien: Einerseits will er zu seiner Frau ehrlich sein. Andererseits will er seiner Frau nicht wehtun. Er nimmt dabei an, daß er weiß, wie seine Frau reagieren wird, und hat Angst vor der Verantwortung. Wie seine Frau auf seine Offenbarung reagieren würde, kann er jedoch nicht vorhersehen. Höchstwahrscheinlich würde sie verletzt sein. Doch indirekt verletzt er seine Frau jetzt auch schon. Er spielt ihr Gefühle vor, die er nicht mehr empfindet. Er raubt ihr die Chance, sich mit der tatsächlichen Situation, daß er sie nicht mehr liebt, abzufinden und über eine Trennung nachzudenken. Die Selbstvorwürfe und Schuldgefühle helfen Herrn P. nicht, anders mit der Situation umzugehen. Er hat bisher weder seiner Frau die Wahrheit gesagt, noch sich von seiner Freundin getrennt. Seine Schuldgefühle sind eine Art Alibi. Seine Selbstvorwürfe führen zudem zu körperlichen Beschwerden.

Herr P. hat zwei Möglichkeiten, sich von seinen Schuldgefühlen zu befreien:

1. Mit seiner Frau ein Gespräch zu führen und ihr die Wahrheit zu sagen. Dabei muß er jedoch damit rechnen, daß sie eine Trennung einleitet und er berufliche und finanzielle Nachteile hat. Er muß auch aushalten, daß sie verletzt und verzweifelt reagiert. Diese Reaktion seiner Frau wird jedoch nur ausgelöst, aber nicht verursacht durch seine Offenbarung. Es fällt in die Verantwortung seiner Frau, wie sie darauf reagiert. Sie könnte mit Wut, Depression, aber auch Erleichterung, weil sie etwas geahnt hat, darauf reagieren.

2. Sich von seiner Freundin zu trennen und seiner Ehe noch eine Chance zu geben. Dabei müssen er und seine Frau zunächst einmal Bilanz ziehen und dann daran arbeiten, eine neue Basis zu finden.

Es gibt rein theoretisch noch eine dritte Möglichkeit. Herr P. ändert seine moralischen Vorstellungen und hält eine Kombination aus Ehe und Geliebte für ein geeignetes Lebenskonzept. Fairerweise sollten dann jedoch beide Partner in einer Ehe dieses Konzept gutheißen. Seiner Frau hatte er jedoch Treue versprochen.

Fallbeispiel: „Ich habe das Vertrauen meines Kollegen mißbraucht".

Herr S., 55 Jahre, kam zu mir in Therapie, weil er seit einiger Zeit nur noch mit Widerwillen zur Arbeit ging. Bereits 20 Jahre waren er und sein Kollege zusammen in der gleichen Firma beschäftigt und seit einigen Jahren saßen sie im gleichen Zimmer. Beide hatten Urlaubserlebnisse ausgetauscht, sich über das Heranwachsen ihrer Kinder auf dem laufenden gehalten. Sie hatten sich viele persönliche Dinge anvertraut und konnten auch offen über Fehler sprechen. Als sich gerüchteweise herumsprach, daß die Firma Arbeitsplätze wegrationalisieren wollte und nun auch in ihrer Abteilung ein Arbeitsplatz gestrichen werden sollte, veränderte Herr S. plötzlich das Verhalten seinem Kollegen gegenüber. Er wollte auf keinen Fall von der Entlassung betroffen sein. In einem Gespräch mit seinem Vorgesetzten ließ er durchklingen, daß sein Kollege nicht mehr so belastbar wäre und auch öfter mal unter Herzbeschwerden litt. Dies stimmte zwar alles, doch hatte der Kollege ihm das ledig-

lich im Vertrauen erzählt. Seit dem Gespräch mit dem Chef begannen die Schwierigkeiten von Herrn S. Er ging plötzlich ungern zur Arbeit, war wenig gesprächig und hatte Angst davor, über die Arbeitssituation in der Firma zu sprechen. Er plagte sich mit Schuldgefühlen, seinen Kollegen verraten und dessen Vertrauen mißbraucht zu haben.

Wenden wir wieder das ABC der Gefühle auf die Situation von Herrn S. an:

A: Situation:
Herr S. hat dem Chef erzählt, daß sein Kollege Schwierigkeiten hat, die an ihn gestellten Anforderungen zu erfüllen, und auch öfter über Herzbeschwerden klagt.

B: Seine Bewertung und Schlußfolgerung:
Das war fies und gemein von mir. Ich hätte dies dem Chef nicht erzählen dürfen. Ich bin ein Schwein und habe das Vertrauen meines Kollegen mißbraucht.

C: Gefühle, Körperreaktion und Verhalten:
Schuldgefühle, Arbeitsunlust, Konzentrationsstörungen, Meiden des Themas Entlassung, Meidung des Kollegen

Die zwei Regeln für hilfreiches Denken ergaben folgende Korrektur des Selbstgesprächs:
Tatsache ist, daß Herr S. seinen moralischen Vorstellungen davon, wie er einen Kollegen und Freund behandeln sollte, zuwidergehandelt hat. Es ist verstehbar, daß er Angst um seinen Arbeitsplatz hat, doch die Methode, die er einsetzt, um seinen Arbeitsplatz zu retten, entspricht nicht seinen moralischen Vorsätzen. Er hat Information zum Nachteil des Kollegen und zu seinem Vorteil weitergegeben. Die Folge davon ist, daß er sich unwohl fühlt und Anspannung erlebt. Es war ein Fehler und ein unangemessenes Verhalten von Herrn S. Wenig hilfreich ist es jedoch für Herrn S., sich deshalb als gemein und als Schwein zu beschimpfen, als einen Menschen, der generell das Vertrauen anderer mißbraucht. Diese Verur-

teilung wird sich im Verhalten seinem Kollegen gegenüber massiv auswirken und ihm die Freude am Arbeitsplatz verleiden. Am Ende könnte er noch entlassen werden, weil er aufgrund der Schuldgefühle in seiner Arbeitsleistung abfällt. Seine Schuldgefühle helfen ihm auch nicht, sein Verhalten zu korrigieren oder rückgängig zu machen.

Herrn S. bleiben noch andere Möglichkeiten, mit der entstandenen Situation umzugehen. Er kann lernen, sich zunächst seinen Fehler verzeihen. Aus Angst vor dem Verlust seines Arbeitsplatzes hat er so gehandelt. Er hat an seine Familie und die noch abzuzahlenden Raten seiner Eigentumswohnung gedacht. Zudem ist er nicht mehr so jung, um so leicht einen neuen Arbeitsplatz zu finden. Daß Arbeitsplätze abgebaut werden, darüber hat er keine Kontrolle. In einem nächsten Schritt kann er sich überlegen, ob und wie er seinen Fehler korrigieren kann. Will er mit seinem Kollegen über seine Aussagen beim Chef sprechen? Will er nochmals mit dem Chef darüber sprechen? Will er darum kämpfen, daß beide Arbeitsplätze erhalten bleiben? Will er sich nach einem anderen Arbeitsplatz umsehen? Auf diese Weise übernimmt er die Verantwortung für seinen Fehler und bemüht sich um Wiedergutmachung. Er kann sich morgens wieder mit Freude an den Arbeitsplatz begeben und dem Kollegen ins Gesicht schauen.

Wenn wir das Vertrauen eines anderen mißbrauchen

Die meisten von uns kennen diese Situation: Ein Freund erzählt uns etwas ganz im Vertrauen, bittet um Stillschweigen und wir können unseren Mund nicht halten. Nicht immer wollen wir den anderen damit „in die Pfanne hauen", ihm schaden. Manchmal rechtfertigen wir uns damit, daß wir dem anderen nur etwas Gutes tun wollen, manchmal genießen wir es, als Überbringer einer Neuigkeit vor anderen gut dazustehen: „Stell dir mal vor, der hat ...". Wir mißachten die Bitte des anderen unseres eigenen Vorteils wegen. Unser Gegenüber lassen wir in dem Glauben, daß wir auf seiner Seite stehen, ganz in seinem Sinne handeln.

Sofern wir der Meinung sind, daß wir das Vertrauen des anderen nicht mißbrauchen sollten, werden wir uns im günstigsten Fall unser Verhalten als Fehler ankreiden, im schlechtesten Fall uns mit Schuldgefühlen quälen. Auch ich selbst habe schon - sofern es sich nicht um den Bereich meiner Praxis handelt - Geheimnisse weitererzählt. Meine Strategie ist nun, da ich mich besser kenne, daß ich mich möglichst oft dagegen wehre, „Geheimnisse" anvertraut zu bekommen. Ich erkläre meinem Gegenüber in diesem Fall, daß ich selbst entscheiden möchte, was ich mit seiner Erzählung mache. Seine Erzählung könne mich unter Umständen so beeindrucken, daß sie ein verändertes Verhalten und veränderte Gefühle auch anderen gegenüber nach sich zieht. Dies müßte ich dann meiner Umwelt erklären. Wenn er mir etwas anvertrauen will, dann nur mit dem Risiko, daß ich es auch weitererzählen kann - natürlich ohne ihn schlecht zu machen.

Auch in anderen Bereichen können wir Vertrauen mißbrauchen. Wir können anvertrautes Geld veruntreuen, heimlich ein fremdes Tagebuch lesen oder Post öffnen, in der Kur fremdgehen, falsche Gerüchte in die Welt setzen, Geliehenes nicht zurückgeben, nicht zurückrufen, jemanden schlecht machen - kurzum Absprachen nicht einhalten, die wir direkt getroffen haben oder von denen man stillschweigend in unserer Gesellschaft ausgeht. Hinter Vertrauen steht die Einstellung: „Ich vertraue dir, daß du mein Bestes willst und daß von uns beiden gemeinsame Regeln befolgt werden". Haben wir das Vertrauen eines anderen ausgenutzt, so müssen wir lernen, diesen Fehler uns und dem anderen gegenüber einzugestehen. Wir müssen lernen, uns dennoch als Mensch zu akzeptieren, und analysieren, welche Motive und Bedürfnisse hinter diesem Verhalten stehen. Dann sollten wir über die Frage nachdenken, ob es für die Zukunft andere Wege gibt, diese Bedürfnisse zu erfüllen und uns gleichzeitig an unsere Wertvorstellungen zu halten.

Fallbeispiel: „Ich habe meine Mutter ins Heim abgeschoben".

Frau Z., 49 Jahre alt, verheiratet, hatte zwei erwachsene noch in der Familie lebende Kinder und war als Lehrerin tätig. Daneben mußte sie ein Haus mit großem Garten zu versorgen. Seit sie ihre 78-jährige Mutter im Altersheim untergebracht hatte, plagte sie sich mit Schuldgefühlen. Sie hatte sich zwar nie mit ihrer Mutter verstanden, immer schon von ihr abgelehnt gefühlt, aber nach jedem Besuch im Altersheim brauchte sie erst einmal ein Glas Sekt, um sich wieder zu beruhigen. Manchmal ließ sie ihre Anspannung auch an den Kindern und ihrem Mann aus. Ihr ging das Elend im Altersheim nach: alte Frauen und Männer, die vor sich hin stierten, die lieblos eingerichteten Zimmer, alles ohne jede Hoffnung, nur das Warten auf den Tod. Und natürlich trug die Mutter auch zu ihren Schuldgefühlen bei. Bei jedem Besuch beklagte die Mutter sich, daß sie sich das nicht hätte träumen lassen, mal hierhier abgeschoben zu werden. Sie hätte doch alles für ihre Kinder getan. Sie hätte ihre eigene Mutter, ohne zu klagen, bis zum Tode gepflegt, aber mit ihr könnte man es ja machen. Das Erbe wäre ja schon aufgeteilt und deshalb brauchte man sich ja auch nicht mehr zu bemühen. Der Mann und die Kinder von Frau Z. bestärkten Frau Z. zwar darin, das Richtige getan zu haben: „Mit der Mutter in einem Haus wäre das auf keinen Fall gut gegangen und außerdem arbeitest du ja schließlich auch noch." Doch ihre Schuldgefühle konnte sie dadurch nicht mindern. Frau Z. sah sich in einer Falle: Die Mutter konnte man nicht mehr allein in der Wohnung lassen, zu sich wollte sie diese auch nicht nehmen und die Mutter im Heim hatte Schuldgefühle zur Folge.

Im ABC der Gefühle läßt sich Frau Z.'s Problem so darstellen:

A: Situation:
Frau Z.'s Mutter kann sich nicht mehr selbst versorgen. Sie lebt im Heim und ist unglücklich.

B: Ihre Bewertung und Schlußfolgerung:
Ich hätte meine Mutter nicht ins Heim bringen dürfen. Ich bin schuld, daß es ihr schlechtgeht. Ich bin eine undankbare, egoistische Tochter.

C: Gefühle, Körperreaktion und Verhalten:
Schuldgefühle, trinkt Alkohol zur Beruhigung, Anspannung, Nörgeln an den Familienmitgliedern

Lassen Sie uns wieder die beiden Regeln für hilfreiches Denken zur Überprüfung der Einstellungen von Frau Z. einsetzen:

Tatsache ist, daß Frau Z. ihre Mutter im Heim untergebracht hat. Es gab genügend Gründe für sie: Sie hat sich für diese Lösung entschieden, weil sie berufstätig war und sich mit der Betreuung kräftemäßig überfordert sah, sich mit der Mutter nicht gut verstand und es häufig Streit gab, ihre Familie ebenfalls dagegen war. Ihre Mutter hatte andere Vorstellungen von ihrem Leben im Alter. Sie wollte bei ihr in der Familie aufgenommen werden und war deshalb enttäuscht. Frau Z. ist jedoch nicht daran schuld, daß es ihrer Mutter schlechtgeht, sie trägt lediglich einen Teil dazu bei. Die Mutter ist unglücklich, weil 1. die Tochter nicht ihren Wunsch nach Zusammenleben erfüllt hat und 2. weil sie fordert, daß dieser Wunsch erfüllt werden sollte. Sie selbst macht es sich damit schwer, sich im Altersheim einzuleben. Frau Z. hat das Recht, ihr Leben nach den eigenen Vorstellungen zu gestalten, auch wenn es die Mutter bei ihrer Mutter anders gemacht hat und sich anders vorstellt. Auch wenn die Mutter Frau Z. als undankbare egoistische Tochter beschuldigt, ist dies Frau Z. nicht. Frau Z. kümmert sich weiterhin um die Mutter. Sie übernimmt einen Teil der Kosten für das Altersheim und besucht sie regelmäßig. An manchen Wochenenden und an Feiertagen lädt sie die Mutter zu sich nach Hause ein. Aus der Sicht von Frau Z. bietet sie einen Kompromiß zwischen den eigenen und den Vorstellungen ihrer Mutter an.

Es ist deshalb nicht hilfreich für Frau Z., sich mit Schuldgefühlen zu quälen. Sie gefährde das Zusammenleben in der Familie und auch ihre Gesundheit, wenn ihr Trinken zur Gewohnheit wird.

Frau Z. kann ihre Schuldgefühle in Bedauern umwandeln. Es ist schade, daß die Mutter sich im Heim nicht so glücklich fühlt. Die Mutter selbst kann jedoch etwas für ihre Zufriedenheit tun, indem sie das Altersheim als ihre neue Heimat akzeptiert.

Frau Z. wiederum kann an sich arbeiten, um in Einklang mit eigenen Normen zu kommen. Sie hat das Recht, ihr Leben nach ihren Vorstellungen zu gestalten. Die Strukturen in der Gesellschaft haben sich inzwischen geändert. Frauen sind berufstätig, es gibt kleinere Familieneinheiten und es gibt Altersheime. Sie kann lernen, sich die Vorwürfe ihrer Mutter nicht zu Herzen zu nehmen und sich nicht von eigenen Vorstellungen abbringen zu lassen. Rücksichtslose, egoistische Menschen machen sich keine Schuldgefühle und bemühen sich auch nicht um Kompromisse. Sie kann ihrer Mutter mitteilen, daß sie versteht, daß ihre Mutter lieber mit ihnen zusammenleben möchte, aber daß dies auch nicht nur schön und angenehm wäre.

Die Beziehung zwischen Eltern und erwachsenen Kindern

Wenn wir eine Hitliste aufstellen würden, in welchen Bereichen Menschen am häufigsten Schuldgefühle entwickeln, dann wäre sicher die Eltern-Kind-Beziehung an oberster Stelle anzusiedeln. Verschiedene Gründe können wir dafür anführen. Zum einen sind die Eltern diejenigen, die uns beigebracht haben, uns schuldig zu fühlen (s. hierzu Teil I), und um deren Anerkennung wir gerungen haben. Sie haben es damit auch am leichtesten, Schuldgefühle bei uns auszulösen. Zum anderen ist die Beziehung zu den Eltern auch mit vielen moralischen Vorschriften belastet. In den 10 Geboten heißt es schon: Du sollst Vater und Mutter ehren. Es gibt außerdem viele unausgesprochene Regeln, wie wir mit unseren Eltern umgehen sollten. Auf keinen Fall sollten wir unsere Eltern enttäuschen, unglücklich machen, kränken, im Stich lassen, verärgern, verurteilen ...

Nun gibt es bei all diesen Vorschriften ein Grundprinzip,

das vergessen wurde, uns zu sagen: Auch für Eltern trifft das ABC der Gefühle zu.

Konkret heißt dies: Sie sind selbst für ihre Gefühle verantwortlich. Ihre Erwartungen und Einstellungen bestimmen, wie sie auf unser Verhalten reagieren. Beispielsweise fühlen sich Eltern gekränkt, wenn wir sie nicht zu unserem Geburtstag einladen **und** sie dies als Ablehnung auffassen. Sie werden depressiv, wenn wir sie nur einmal im Monat besuchen **und** sie dies so bewerten, als ob wir sie vergessen hätten. Sie sind verärgert, wenn wir Weihnachten allein im Kreise unserer Familie feiern **und** sie die Forderung haben, dabeisein zu müssen. Sie fühlen sich verletzt, wenn wir ihnen nicht als erstes vom Urlaub berichten **und** sie denken, sie seien uns gleichgültig. Sie sind ängstlich und in Sorge, wenn wir einen Kredit aufnehmen **und** sie denken, wir übernehmen uns.

Sie merken, worauf ich hinauswill? Wir müssen uns davon lösen, daß wir uns falsch verhalten haben, wann immer sich die Eltern schlecht fühlen. Oft fühlen diese sich schlecht, weil sie unrealistische Erwartungen haben oder uns nach Maßstäben messen, die nicht mehr in unsere Zeit passen. Sie glauben, wir seien ihnen immer zu Dank verpflichtet, weil sie so viel für uns geopfert haben. Sie erwarten, daß wir täglich anrufen und ihnen keine Schande bereiten. Sie machen uns dafür verantwortlich, daß sie schlaflose Nächte haben oder sich mit Magenschmerzen plagen. Je mehr die Eltern bestimmte Verhaltensweisen von uns erwarten, desto mehr fühlen wir uns als „erwachsene" Kinder unter Druck gesetzt, unfrei, rebellieren und plagen uns mit Schuldgefühlen.

Das heißt natürlich nicht, daß uns die Gefühle unserer Eltern völlig gleichgültig sein sollten. Ich will hier keinen Freibrief ausstellen. Wir können uns darum bemühen, unsere eigenen Vorstellungen und die der Eltern zu berücksichtigen. Unsere Schuldgefühle weisen uns zunächst einmal daraufhin, daß irgendwelche Normen kollidieren. Wir sollten uns an diesem Punkt die Mühe machen, uns diese Normen bewußtzumachen und zu prüfen, welchen wir folgen wollen. Wollen wir den Erwartungen der Eltern folgen oder unsere eigenen Interessen vertreten? Solange unsere Eltern nicht dadurch in Lebensgefahr geraten, dürfen wir auch nach uns gehen. Auch Eltern können lernen, Erwartungen abzulegen und sich mit neuen Situationen zu arrangieren. Sind den Eltern irgendwelche Dinge ungemein wichtig, die unseren Lebensprinzipien zuwiderlaufen, dann können wir uns überlegen, ob wir auf ihre Wünsche eingehen.

Vielfach werde ich in der Praxis gefragt, wie denn nun das richtige Verhalten den Eltern gegenüber aussieht? Darf man Eltern ins Heim bringen? Wie häufig soll man seine Eltern besuchen oder einladen? Muß man seinen Eltern alles erzählen, darf man etwas verschweigen? Darf man den Kontakt zu den Eltern abbrechen, wenn man sich überhaupt nicht versteht?

Ich kann Ihnen darauf leider keine allgemeingültige Antwort geben. Keiner kann es. Unser Staat hat keine allgemeingültigen Regeln formuliert, die Kirche auch nicht. Jeder muß dies mit sich selbst ausmachen und verantworten.

Schuldgefühle wegen kleinerer „Delikte"

Nicht immer treffen wir so weltbewegende Entscheidung wie die, die Mutter ins Heim zu bringen. Wir machen uns auch Vorwürfe, einen Brief nicht erwidert, ein zu kleines Geschenk mitgebracht oder keine Gegeneinladung gemacht zu haben. Wir fühlen uns schuldig, wenn wir ein Fest zu früh verlassen, einen Geburtstag vergessen, eine Einladung absagen oder unseren Freund an ein von uns ausgeliehenes Buch oder an seine Schulden erinnern. Wir fühlen uns schuldig, einem Hausierer nichts abgenommen, keine Spende gegeben oder jemand warten gelassen zu haben. Immer steht dahinter die Einstellung, daß wir dies als gute Menschen nicht tun dürften und daß wir schuld daran sind, daß es dem anderen schlechtgeht. Wiederum begehen wir dabei mehrere Denkfehler:

- Auch „gute" Menschen müssen nicht immer die Bedürfnisse und Wünsche der anderen erfüllen. Sie haben ein Recht auf eigene Wünsche, sofern sie andere nicht in Lebensgefahr bringen.
- Auch „gute" Menschen machen Fehler, vergessen etwas, kommen unpünktlich, sind mürrisch, unsensibel, abwertend, ungeduldig, unehrlich, etc.
- Wir können die Gefühle anderer nicht steuern. Sie selbst entscheiden, ob sie sich enttäuscht oder gekränkt fühlen, und wie sie mit einer Enttäuschung oder Kränkung umgehen.
- „Gute" Menschen verwandeln sich nicht in „schlechte" Menschen, wenn sie einen Fehler machen.

10.
Schuldgefühle wegen bestimmter Gedanken und Gefühle

Nicht nur wegen eines bestimmten Verhaltens können wir uns Schuldgefühle machen, sondern auch wegen bestimmter Gedanken und Gefühle. Schauen wir uns hierzu einige Beispiele an.

Fallbeispiel: „Manchmal hasse ich meinen Mann".
Frau H., 46 Jahre, kinderlos, war seit 21 Jahren verheiratet. Sie hatte mit ih-rem Mann zusammen eine kleine Firma aufgebaut. Gemeinsam hatten sie es zu Wohlstand gebracht, sich ein eigenes Haus und eine Ferienwohnung gelei-stet. In der letzten Zeit machte sich bei Frau H. eine innere Unzufriedenheit breit. Sie hatte das Gefühl, das Leben wäre vor lauter Arbeiten an ihr vorbei-gerauscht. Sie wollte nicht mehr jeden Tag bis abends um 22 Uhr im Büro sit-zen und die Wochenenden für die Firma opfern. Ihr Mann sah das ganz an-ders. Er spürte noch viel Energie in sich und hatte Pläne, die Firma weiter auszubauen. Gleichzeitig wurde er aber auch von der Angst getrieben, wenn sie nicht mehr so viel arbeiteten, würde die Firma den Anschluß verpassen. Obwohl Frau H. ihren Mann liebte und ihn auf keinen Fall verlieren wollte, verspürte sie jetzt manchmal Haß. Sie fühlte sich als Opfer. „Es könnte doch so schön für uns sein, wenn er endlich weniger arbeiten würde. Seinetwegen entgeht mir alles, was das Leben lebenswert macht", so dachte sie häufig und äußerte es auch ihrem Mann gegenüber. Gleichzeitig fühlte sie sich schuldig ihrem Mann gegenüber, „denn er machte dies doch alles für uns beide", wie er beteuerte.

Hier nun das ABC der Gefühle von Frau H:

A: Situation:
Frau H. und ihr Mann arbeiten täglich bis 22 Uhr und auch am Wochenende in der eigenen Firma. Frau H. möchte das Leben mehr genießen und mehr Freizeit haben. Sie verspürt Haßgefühle ihrem Mann gegenüber.

B: Ihre Bewertung und Schlußfolgerung:
Ich liebe meinen Mann, da darf ich doch keinen Haß empfinden. Er macht dies doch für uns beide. Was bin ich doch für ein schlechter Mensch.

C: Gefühle und Verhalten:
Haßgefühle, Schuldgefühle, arbeitet weiter in der Firma

Die Überprüfung von Frau H.'s Bewertung und Schlußfolgerung mit den beiden Regeln ergibt:
Tatsache ist, daß Frau H. zu manchen Zeiten ihren Mann liebt und zu manchen haßt. Dies sind zwei Gefühle, die in Abhängigkeit von ihren Selbstgesprächen entstehen. Sie muß Haßgefühle empfinden, wenn sie sich ärgerliche und haßerfüllte Gedanken macht. Sie möchte weniger arbeiten und mit ihm zusammen das Leben genießen. Er möchte weiterhin so viel arbeiten wie bisher und schmiedet Ausbaupläne. Sie fühlt sich als Opfer, weil sie ihn braucht, um ihren Wunsch nach gemeinsamer Freizeit zu erfüllen. Auch wenn ihr Mann betont, es für sie beide zu machen, darf Frau H. Haß empfinden. Ihr Mann arbeitet primär für sich, weil es ihm Spaß macht und er Angst vor einem Konkurs hat. Herr H. hat sie nicht gefragt, ob sie auch möchte, daß er so viel arbeitet. Auch wenn Frau H. manchmal haßerfüllte Gedanken gegenüber ihrem Mann hat, ist sie deshalb kein schlechter Mensch, zumal sie keine haßerfüllten Taten folgen läßt.
Die Selbstanklagen schaden Frau H. nur. Ihre Schuldgefühle machen sie unfrei, nach ihren eigenen Bedürfnissen zu leben und gegebenenfalls weniger zu arbeiten.

Will Frau H. sich von ihren Schuldgefühlen befreien, muß sie lernen, ihre Haßgefühle zu akzeptieren. Sie entstehen dadurch, daß sie glaubt, von ihrem Mann abhängig zu sein. Sie sind kein Grund, sich zu verurteilen. In einem zweiten Schritt muß sie sich überlegen, wie sie ihr Leben gestalten möchte.

Sie hat 2 Alternativen:

1. sich den Argumenten ihres Mannes anzuschließen und sich bewußt dafür zu entscheiden, weiterhin in dem gleichen Ausmaß wie bisher mitzuarbeiten, dann wird sie keinen Haß mehr empfinden, oder aber
2. sich mehr Freizeit zu gönnen und diese allein zu genießen.

Die 3. Alternative, die sie möchte und die sie in die Opferrolle bringt, nämlich mit dem Mann zusammen mehr Urlaub zu machen, kann sie nicht wählen. Hierzu benötigt sie die Einsicht ihres Mannes. Diese kommt möglicherweise, wenn sie nach ihren Vorstellungen lebt.

Falls sich Frau H. für die 2. Alternative, das Leben alleine zu genießen, entscheidet, muß sie aufpassen, sich nicht dafür schuldig zu fühlen. Schulderzeugende Gedanken könnten dann etwa so lauten: „Ich genieße mein Leben und lasse meinen Mann schuften. Ich bin egoistisch und nutze ihn aus". In Wirklichkeit ist es jedoch die Entscheidung von Herrn H., im gleichen Ausmaß weiterzuarbeiten.

Fallbeispiel: „Ich habe mich wieder verliebt".

Frau L., 65 Jahre alt, war seit 3 Jahren verwitwet. Sie hatte vor 4 Monaten auf dem Friedhof einen 67 Jahre alten Witwer kennengelernt. Immer häufiger trafen sie sich auf dem Friedhof, bis sie ihn schließlich zum Kaffee einlud. Mit der Zeit bemerkte sie, daß sie ihren gemeinsamen Treffen entgegenfieberte und sich wie ein junges Mädchen dafür zurechtmachte. Diese Gefühle verunsicherten sie stark. Durfte sie sich nochmals verlieben? War dies nicht unfair ihrem verstorbenen Mann gegenüber? Würde sie ihren Mann dadurch völlig vergessen? Sie fühlte sich schuldig, ihrem verstorbenen Mann untreu zu werden, und hatte auch Angst davor, daß die Beziehung zu dem Witwer noch weiter bis hin zur körperlichen Berührung gehen würde.

Das ABC von Frau L. sieht so aus:

A: Situation:
Frau L. ist verwitwet und trifft auf dem Friedhof einen Witwer, in dessen Gegenwart sie sich sehr wohlfühlt.

B: Bewertung von Frau L.:
Ich darf mich nicht verlieben, sonst bedeutet dies, daß ich meinen Mann vergesse, daß ich ihn nie wirklich geliebt habe. Ich darf die Liebe zu meinem Mann nicht verraten.

C: Gefühle und Verhalten:
Schuldgefühle, Wahrung von Distanz dem Witwer gegenüber

Wenn wir die beiden Regeln für hilfreiches Denken auf das ABC von Frau L. anwenden, ergibt sich folgender korrigierter Gedankengang:

Tatsache ist, daß sich Frau L. zu ihrem Bekannten hingezogen fühlt. Sie findet ihn sympathisch und sehnt sich nach einem Zusammentreffen bei ihr zuhause. Das ist menschlich. In jedem Menschen steckt die Sehnsucht nach Nähe, Anerkennung und Liebe. Ihre Verliebtheitsgefühle bedeuten jedoch in keinster Weise, daß sie ihren Mann vergißt. Sie kann nicht 30 Jahre gemeinsamen Lebens mit ihrem verstorbenen Partner vergessen. Das ist absolut unmöglich. Es ist auch irrational zu denken, daß ihre jetzigen Verliebtheitsgefühle die Liebe zu ihrem Mann verraten. Frau L. überträgt damit Prinzipien, die früher galten, wie die Treue zu ihrem Mann, auf ihr heutiges Leben. Solange ihr Mann lebte, hatte sie ihn geliebt und war ihm treu. Sie liebt ihn auch heute noch in der Erinnerung. Am liebsten würde sie ihn auch heute noch ihre Liebe spüren lassen, doch das geht nicht mehr.

Selbstvorwürfe und Schuldgefühle machen ihren Mann nicht mehr lebendig und schaden ihr. Sie verhindern, daß

Frau L. im Hier und Jetzt lebt und Freude empfinden kann. Sie verhindern, daß sie ihre Trauer überwindet.

Hilfreicher für Frau L. ist es, sich zu erlauben, eine neue, andere Form von Liebe zu empfinden. Es wird niemals mehr die gleiche Form von Partnerschaft sein, und deshalb kann sie auch niemals in Konkurrenz zu ihrer Ehe treten. Zu Beginn wird es für sie ungewohnt sein, doch wird sie sich daran gewöhnen. Es ist menschlich, mehrere Menschen in einem Leben lieben zu können. Selbst in der Kirche wird nur das Versprechen abgenommen, „bis daß der Tod euch scheidet".

Fallbeispiel: „Ich habe meinem Exmann den Tod gewünscht".

Bei Frau D., 56 Jahre, geschieden, wurde ein Tumor im Körper festgestellt. Nach der Operation kam sie in Kur und erfuhr dort, daß Haßgefühle auch einen Einfluß auf Krebsentstehung und Heilung haben können. In der Therapie kristallisierte sich heraus, daß Frau D. voller Haßgefühle und aggressiver Phantasien war. Ihr Mann hatte mit 45 Jahren einen Herzinfarkt erlitten. Sie hatte ihn nach seiner Bypass-Operation gepflegt, ihren Beruf und ihr Hobby aufgegeben, um nur für ihn dazusein. Der Freundeskreis zog sich mit der Zeit immer mehr zurück, weil Herr D. nicht gut bei gemeinsamen Aktivitäten mithalten konnte. In einer seiner Rehabilitationskuren verliebte sich ihr Mann in eine Krankenschwester und trennte sich von ihr. Zu allem Unglück stellte sich heraus, daß ihr Mann über seine Verhältnisse gelebt und Schulden gemacht hatte. Sie stand vor einem Berg Schulden, ohne Arbeit, ohne Freundeskreis und ohne Mann. Frau D. wollte ihm nicht verzeihen. Sie sah ihn als Schuldigen, der ihr Leben zerstört hatte. Er hatte ihr alles zunichte gemacht. Immer wieder malte sie sich aus, wie er mit seinem Auto und seiner Geliebten gegen einen Baum fuhr und sich den Schädel einrannte. Wenn sie sich bei solchen Phantasien ertappte, war sie selbst entsetzt über sich. Wie konnte ein Mensch einem anderen Menschen nur den Tod wünschen. Gleichzeitig hatte sie Angst, daß sich diese Phantasien am Ende noch erfüllen könnten.

Das ABC von Frau D.'s Problem sieht so aus:

A: Situation:

Herr D. verläßt seine Frau und zieht mit einer Krankenschwester zusammen. Frau D. hat Schulden, keine Anstellung und keinen Freundeskreis. Sie macht sich Phantasien, wie ihr Mann umkommt, und empfindet Haß.

B: Frau D.'s Bewertung und Schlußfolgerung:
Ich dürfte meinem Mann nicht den Tod wünschen. Was bin ich doch für ein schlechter Mensch. Hoffentlich treffen meine Phantasien nicht ein.

C: Gefühle und Verhalten:
Schuldgefühle, Selbsthaß, Angst

Die Überprüfung des Selbstgespräches mit den beiden Regeln ergab:
Tatsache ist, daß Frau D. ihrem Exmann den Tod wünscht. Sie darf es und sie tut es. Gründe hierfür sind: Sie ist verbittert und fühlt sich hilflos. Sie ist enttäuscht, weil sie viel gegeben hat und den Eindruck hat, nichts zurückbekommen zu haben. Die einzige Möglichkeit, wie sie glaubt, daß wieder eine Gerechtigkeit hergestellt wird, ist, daß sie ihrem Mann in der Phantasie den Tod wünscht. Das ist menschlich. Es ist zudem ungefährlich, denn Phantasien können in der Realität keinen Tod bewirken.
Schuldgefühle wegen dieser Haßgefühle und Phantasien helfen Frau D. nicht. Sie fühlt sich nur noch schlechter und zweifelt noch mehr an sich selbst. Gleichzeitig hat sie keine Kraft, sich ein neues Leben aufzubauen.
Der Weg aus den Schuldgefühlen kann für Frau D. so aussehen: Zunächst arbeitet sie daran, sich mit ihren Haßgefühlen zu akzeptieren. Sie lenkt ihrem Blick darauf, weshalb ihre Haßgefühle entstehen, statt sich dafür zu verurteilen. Frau D. braucht sich keine Sorgen zu machen, daß ihre Phantasien eintreffen könnten. Gedanken können nur den eigenen Körper und eigenes Verhalten steuern. Selbst wenn ihr Exmann irgendwann tatsächlich durch einen Unfall umkommen sollte, wäre dies nur ein zufälliges Zusammentreffen von ihren Gedanken und einem von ihr völlig unabhängigen Ereignis.

Wenn Frau D. sich mit ihren Haßgefühlen akzeptieren kann, sucht sie nach Wegen, ihre Enttäuschung und Verbitterung auf ungefährliche Weise auszudrücken. In einem weiteren Schritt entwickelt sie eine innere Haltung, das Verhalten ihres Exmannes zu akzeptieren. Nur wenn sie sich von ihrem Haß auf die Vergangenheit löst, kann sie wieder Freude empfinden und sich eine neue Lebensperspektive erarbeiten.

Die Kirche hat viele Gebote aufgestellt, die kaum erfüllbar sind und die uns deshalb für Schuldgefühle empfänglich machen. So glauben viele Menschen, es widerspreche dem christlichen Glauben, an sich und seine eigenen Bedürfnisse zu denken. Stattdessen sollten sie eher danach trachten, anderen zu geben und diese glücklich zu machen. Sie glauben, ein schlechter Christ zu sein und haben gegenüber Gott Schuldgefühle, wenn sie wütend sind oder andere negative Gefühle verspüren. Gott ist in ihren Augen ein bedrohlicher und strafender Mann, dem sie nicht entrinnen können.

Wir haben jedoch die Fähigkeit, alle menschlichen Gefühle zu verspüren. Verbietet eine Kirche uns, Gefühle wie Neid, Eifersucht oder Haß zu verspüren, dann verlangt sie von uns etwas Unmögliches, nämlich perfekt sein zu müssen. In meinen Augen sollte der Glaube uns helfen, uns in unserer Unvollkommenheit, d.h. mit all unseren Fehlern, anzunehmen. Wir sollten keine Angst vor uns und unseren Schwächen und Fehlern haben.

Ein Buch, das ich Ihnen besonders ans Herz legen möchte, wenn Sie den Eindruck haben, Ihre Schuldgefühle rühren von Ihrem Glauben her, ist das Buch <Befreiende Wahrheit> von William Backus & Marie Chapian.

11.
Schuldgefühle und Sexualität

Die Sexualität bietet eine breite Angriffsfläche für Schuldgefühle. Nicht nur die Kirche gibt uns ausreichend Vorschriften, wie wir unsere sexuellen Bedürfnisse zu handhaben haben. Unser Staat hat Gesetze formuliert und unsere Eltern haben uns vielleicht ebenfalls ihre eigene Sichtweise zur Sexualität mit auf den Weg gegeben.

Fallbeispiel: „Ich bin pervers".

Frau A., 42 Jahre, war seit 17 Jahren mit ihrem Partner verheiratet. Er war der erste Mann in ihrem Leben, mit dem sie sexuellen Kontakt hatte. Das sexuelle Zusammensein klappte immer so leidlich. Sie hatte weniger häufig Lust als ihr Mann und hatte ihm lange Jahre nur ihren Orgasmus vorgespielt. Eines Tages entdeckte sie während des Geschlechtsverkehrs, daß es sie erregte, an einen anderen Mann zu denken. Sie malte sich in der Phantasie aus, wie dieser Mann ihr die Kleider vom Leib riß und sich lustvoll auf sie stürzte. Je leidenschaftlicher sie sich die Szene ausmalte, um so mehr Lust bekam sie. Diese Beobachtung verunsicherte sie stark. Liebte sie ihren Mann nicht mehr? War sie pervers, durch Phantasien in Erregung zu geraten? Sollte sie ihrem Mann davon erzählen? Darf man als Ehefrau zu solchen Mitteln greifen? Sie wandte sich an mich, um auf diese Fragen eine Antwort zu finden. Sie fühlte sich schuldig, „so etwas nötig zu haben" und quasi ihren Mann mit einem phantasierten Traummann zu betrügen.

Frau A.'s Problem sieht im ABC der Gefühle so aus:

A: Situation:
Während des Geschlechtsverkehrs mit ihrem Mann stellte sich Frau A. in der Phantasie eine leidenschaftliche Bettszene mit einem anderem Mann vor.

B: Bewertung und Schlußfolgerung von Frau A. :
So etwas darf ich nicht tun, wenn ich meinem Mann liebe.
Ich bin pervers. Ich betrüge meinen Mann.

C: Gefühle und Verhalten:
Schuldgefühle, Selbstablehnung, Minderwertigkeitsgefühle,
spricht mit niemandem darüber

Die Überprüfung der Bewertung mit den beiden Regeln
für hilfreiches Denken ergibt:
Tatsache ist, daß Frau A. sich Phantasien macht. Das darf
sie tun, auch wenn sie es bisher nicht getan hat. Die Liebe zu
ihrem Mann wird dadurch nicht in Frage gestellt. Ihre Liebe
äußert sich tagtäglich in vielen unterschiedlichen Verhaltensweisen ihrem Mann gegenüber und auch dadurch, daß sie ihn
streichelt und während des Geschlechtsverkehrs erregt. Sie ist
weder pervers, noch betrügt sie ihren Mann mit ihren Phantasien. Sie nutzt lediglich ihre Phantasien, um stärker erregt zu
werden. Selbstverurteilung und die nachfolgenden Schuldgefühle helfen Frau A. nicht. Sie nehmen ihr die Chance, lustvoll mit ihren Phantasien zu experimentieren oder mit ihrem
Mann darüber zu sprechen. Auch führen ihre Schuldgefühle
dazu, daß sie noch verkrampfter an die Sexualität herangeht
und vielleicht sogar Angst davor hat.
Frau A. hat zwei Alternativen, um sich von ihren Schuldgefühlen zu befreien. Sie kann sich dafür entscheiden, in Gedanken und Phantasien und mit dem Körper ganz bei ihrem
Mann zu sein. Dann wird sie mit ihm über ihre sexuellen
Wünsche und Vorlieben sprechen müssen. Möglicherweise
wird sie dann nur selten zu einem Orgasmus kommen. Oder
aber sie kann sich erlauben, sich lustvolle Phantasien zu machen. Ihr Mann profitiert insofern davon, als daß er die stär-
kere Erregung seiner Frau spürt und sie vielleicht auch häufiger Lust hat. Sie ist deshalb nicht pervers oder unnormal,
denn die sexuelle Erregung erfolgt sehr häufig über Phantasi-
en. Sexuelle Erregung und Liebe sind außerdem zweierlei Paar
Stiefel. Man kann Liebe nicht beweisen, indem man sexuell

erregt wird. Oder umgekehrt formuliert: Wenn man sexuell erregt ist, muß man den Menschen nicht automatisch lieben.

Wenn Frau A. für sich akzeptiert, durch bestimmte sexuelle Phantasien erregt zu werden, und sich erlaubt, diese Fähigkeit auch beim Geschlechtsverkehr einzusetzen, dann kann sie sich entscheiden, ob sie ihrem Mann davon erzählt oder nicht.

Fallbeispiel: „Ich habe keine Lust".

Frau I., 32 Jahre, lebte mit ihrem Freund zusammen und war beruflich sehr eingespannt. Sie war ganztags berufstätig. Jeden zweiten Abend schaute sie noch nach den in der gleichen Stadt lebenden kranken Eltern. Dazu kam noch der Einkauf und die Hausarbeit, die sie ziehmlich genau nahm. Abends fiel sie todmüde ins Bett. Ein sexueller Kontakt hatte schon lange nicht mehr stattgefunden. Mittlerweile wurde ihr Freund immer ungeduldiger. Er beschwerte sich immer häufiger, daß im Bett nichts mehr liefe: „Er schaue sich das nun schon seit einem halben Jahr an, aber alles andere wäre ihr wichtiger. Wegen ihm bräuchte die Wohnung nicht wie geleckt ausschauen und die Eltern könnten auch mal ein paar Tage ohne sie auskommen. Er wäre schließlich ein junger Mann, der sich seine Bedürfnisse auch nicht aus den Rippen schwitzen könnte". Frau I. versuchte dann immer, ihn zu beschwichtigen und aufs nächste Wochenende zu vertrösten. Insgeheim hoffte sie, dann ihre Periode zu haben, sich heimlich ins Bett schleichen zu können oder irgendeine andere Ausrede zu finden. Sie hatte zwar ein schlechtes Gewissen, jedoch hing es ihr auch „zum Hals heraus, daß es immer nur um das Eine geht".

Wenden wir wiederum das ABC der Gefühle an:

A: Situation:
Frau I. ist ganztags berufstätig, betreut ihre Eltern und kümmert sich um den Haushalt. Sie empfindet keine Lust. Ihr Mann beschwert sich und stellt Forderungen nach mehr Sex.

B: Bewertung und Schlußfolgerung von Frau I.:
Ich müßte Lust auf Sex haben und mit ihm schlafen. Ich bin eine schlechte Partnerin.

C: Gefühle, Körperreaktion und Verhalten
Schuldgefühle, Lustlosigkeit, Ekel, Meidung von Nähe

Die Anwendung der beiden Regeln auf die Bewertung und Schlußfolgerung von Frau I. ergab:
Tatsache ist, daß Frau I. keine Lust hatte. Sie setzte Prioritäten, die Eltern, der Beruf und der Haushalt waren ihr wichtiger. Sie war erschöpft und konnte deshalb keine Lust haben. Sie übertreibt, wenn sie sich als schlechte Partnerin bezeichnet. Eine Partnerin ist nicht nur dadurch gekennzeichnet, Lust zu haben. Sie erfüllt beispielsweise die Bedürfnisse nach einem geordneten Haushalt, nach einem gefüllten Kühlschrank, Zuverlässigkeit, Treue, Attraktivität, usw. Die Forderung von Frau I., daß sie Lust haben müßte, ist wenig sinnvoll. Sie erzeugt Schuldgefühle und Druck, die wiederum dafür sorgen, noch weniger Lust zu empfinden.

Um sich von den Schuldgefühlen zu lösen, muß Frau I. zunächst akzeptieren, daß sie bei den Gedanken und dem Tagesablauf keine Lust haben kann. Auch wenn ihr Freund Lust hat, hat sie das Recht, keine Lust zu haben. Langfristig muß Frau I. sich entscheiden, ob sie den Wunsch ihres Mannes ernst nimmt. Sie muß überprüfen, weshalb sie ihr Leben so einteilt, daß sie am Abend keine Energie mehr hat. Sind ihr die anderen Bereiche so wichtig, daß sie damit ihre Partnerschaft riskiert? Hat sie generell eine sexuelle Abneigung? Verbirgt sich hinter der Ablehnung des Geschlechtsverkehrs Ärger oder eine generelle Unzufriedenheit mit ihrem Partner? Ihre Einstellung: „Ich müßte mit ihm schlafen" bringt sie nicht weiter. Entweder sie steht dazu: „Ich möchte nicht mit ihm schlafen, weil ich ..." „Ich kann nicht mit ihm schlafen, weil ich zu viel ...". Oder sie entscheidet: „Ich will mit ihm schlafen und werde etwas dafür tun, um wieder mehr Lust zu verspüren". Dann wird deutlich, daß Frau I. sich nicht von den Erwartungen ihres Partners abhängig macht, sondern selbst für ihr Sexualleben verantwortlich ist.

Fallbeispiel: „Ich habe mich vergewaltigen lassen".

Frau U., 26 Jahre alt, wurde nach einer Vergewaltigung und nachfolgendem Klinikaufenthalt an mich überwiesen. Sie war auf dem Nachhauseweg von der Universität von ihrem Fahrrad gezerrt und auf offener Straße vergewaltigt worden. Der Mann ließ sie nach der Vergewaltigung schwer verletzt auf der Straße liegen. Frau U. hatte durch dieses traumatische Ereignis ihre Unbeschwertheit, ihr Vertrauen in die Menschheit verloren. Sie ging tagsüber kaum aus dem Haus. Dunkelheit bereitete ihr besonders viel Angst. Bei jedem, der sich von hinten näherte, überfiel sie Panik. Sie litt unter Alpträumen und Herzstolpern. Was sie jedoch besonders belastete, waren die Selbstvorwürfe: Ich war zu leichtsinnig. Ich hätte die Vergewaltigung verhindern können, wenn ich nur nicht diese Straße lang gefahren wäre.

Das ABC von Frau U. sah so aus:

A: Situation:
Frau U. fährt mit dem Fahrrad von der Universität nach Hause und wird auf offener Straße vergewaltigt.

B: Bewertung:
Ich war zu leichtsinnig. Ich hätte einen anderen Nachhauseweg wählen sollen. Ich hätte die Tat verhindern können.

C: Gefühle, Körperreaktion und Verhalten:
Sie hat Schuldgefühle, Herzrasen, Alpträume, meidet es, unter Menschen zu gehen.

Wenn wir die beiden Regeln für hilfreiches Denken auf die Situation von Frau U. anwenden, müssen wir ihre Bewertung und Schlußfolgerung korrigieren:
Tatsache ist, daß Frau U. vergewaltigt wurde. Ihre Vergewaltigung konnte sie jedoch nicht vorhersehen und verhindern. Sie ist eine ganz normale öffentliche Straße entlanggefahren. Für das Verhalten des Täters trägt sie keinerlei Verantwortung. Es ist immer der Täter, der sich für die Vergewaltigung entscheidet - selbst wenn eine Frau sich leichtsinnig verhält, nachts durch den Stadtpark läuft oder einen extrem kur-

zen Minirock trägt. Die Selbstvorwürfe können die Vergewaltigung nicht mehr ungeschehen machen. Sie setzen sie unter Spannung und führen dazu, daß sie sich immer wieder das traumatische Ereignis vor Augen führt, um danach zu suchen, wie sie es hätte verhindern können.

Will sich Frau U. von ihren Schuldgefühlen und Selbstvorwüfen befreien, muß sie ihre schädlichen Selbstgespräche verändern. Sie konnte nicht verhindern, vergewaltigt zu werden. In dieser einen Situation hat sie keine Kontrolle über das Ereignis gehabt. Dies bedeutet jedoch nicht, daß sie sonst auch keine Kontrolle über ihr Leben hat. Sie kann jetzt entscheiden, ob sie sich für zukünftige Situation wappnen will, indem sie beispielsweise einen Selbstverteidigungskurs besucht.

Sexueller Mißbrauch in der Kindheit

Viele Frauen, die in ihrer Kindheit sexuell mißbraucht wurden, leiden unter Schuldgefühlen. Sie werfen sich vor, den Mißbrauch geduldet zu haben. Sie fordern von sich, daß sie die sexuellen Übergriffe hätten verhindern sollen. Sie messen dabei ihre Vergangenheit an den Wertvorstellungen und den Fähigkeiten, die sie als erwachsene Frauen haben. Sie vergessen, daß sie als Kinder Angst vor Konsequenzen hatten und auch Angst, den Tätern wehzutun und deren Zuwendung zu verlieren. Viele Kinder sehen das Vergehen sogar nicht einmal als schädlich an, weil sie dem Täter vertrauen und nicht glauben, daß er etwas Böses mit ihnen machen könnte.

Um sich von ihren Selbstvorwürfen zu befreien, ist es notwendig, daß die Frauen sich in die kindliche Rolle hineinversetzen: Was standen ihnen damals für Fähigkeiten zur Verfügung? Was hatten sie damals für Gedanken und Gefühle? Frauen können lernen, sich ihr Verhalten zu verzeihen. Sie haben getan, was ihnen in der Kindheit möglich war - auch wenn es aus ihrer heutigen Sicht verkehrt war und ihnen geschadet hat. Selbsthilfegruppen oder eine Psychotherapie können eine Unterstützung auf diesem Weg sein.

Staat, Kirche und die Forschung haben alles dafür getan, um Normen und Regeln für unser Sexualverhalten in unseren Köpfen zu installieren. Der Staat hat lange Jahre die Homosexualität verboten. Die Kirche findet Selbstbefriedigung und lustvollen Geschlechtsverkehr auch heute noch ablehnenswert. Die Forschung bietet uns immer wieder neue Statistiken an, wie häufig man in welcher Stellung mit seinem Partner schlafen sollte. Zur Zeit findet man in den Medien viele Berichte über Masochismus, Sadismus und Fetischismus. Wonach soll man sich richten? Auch hier kann ich Ihnen keine Regeln geben, wie ein gesundes, richtiges Sexualverhalten aussieht.

Für mich selbst setze ich den Maßstab folgendermaßen: Jeder hat das Recht, sich seine eigenen Regeln festzulegen:

- Wichtig ist, daß beide Partner damit einverstanden sind und sich dabei wohlfühlen.
- Wichtig ist, daß keinem Dritten damit geschadet wird.
- Wichtig ist, daß der eigenen Gesundheit damit kein Schaden zugefügt wird.

Es gibt Paare, die nur einmal im Jahr miteinander schlafen und damit zufrieden sind. Es gibt aber auch Paare, die täglich dreimal Geschlechtsverkehr haben. Es gibt Paare, die beim Geschlechtsverkehr einen Gummianzug tragen oder sich vorher einen Pornofilm anschauen. Es gibt Paare, die sich gegenseitig Selbstbefriedigung erlauben oder dem Partner dabei zuschauen, andere halten dies für überflüssig oder gar schlimm. Ich kann Ihnen nicht die Entscheidung darüber abnehmen, was Sie in Ihrem Leben für angemessen und richtig halten. Wenn Sie unter sexuellen Schuldgefühlen leiden, sollten Sie sich die Regeln, denen Sie zuwiderhandeln, noch einmal ganz bewußt anschauen. Prüfen Sie, ob sie für Ihr Leben passen und Sie ihnen weiterhin folgen möchten. Wenn Sie diese Frage bejahen, dann müssen Sie Ihr Verhalten, weswegen Sie sich Schuldgefühle machen, verändern. Befriedigen Sie sich beispielsweise selbst und möchten an der Regel festhalten, daß Sie das nicht tun sollten, dann müssen Sie dieses Verhalten aufgeben. Wenn Sie stattdessen die Regel nicht mehr passend für Ihr Leben halten und sich weiterhin die Selbstbefriedigung erlauben möchten, dann korrigieren Sie diese bewußt und durchlaufen den Umlernprozeß. Ihre Schuldgefühle haben dann keine Berechtigung mehr, werden Sie aber noch eine Weile begleiten.

Auch im sexuellen Bereich gibt es eine Vielzahl von Mythen, die unsere Gefühle und unser Verhalten steuern, wie beispielsweise:

1. Wenn ich meinen Partner wirklich liebe, muß ich wissen, was er mag.
2. Ich muß meinen Partner immer, wenn er Lust hat, befriedigen können.
3. Wir müssen immer zur gleichen Zeit Lust haben.
4. Ich habe die Macht, ihm Lust zu machen. Wenn er keine Lust empfindet, liegt das an mir.
5. Sexuell muß es immer klappen.
6. Ich muß immer einen Orgasmus bekommen. Mein Partner muß immer einen Orgasmus bekommen.
7. Ich bin kein richtiger Mann/keine richtige Frau, wenn ich keinen Orgasmus bekomme.

Wie alle Mythen können auch diese Mythen zur Sexualität Schuldgefühle erzeugen, sofern wir sie nicht erfüllen. Gemeinsam ist diesen Mythen, daß sie nicht den Tatsachen entsprechen. Tatsache ist:

1. Wenn wir unseren Partner lieben, müssen wir noch lange nicht automatisch wissen, welche sexuellen Vorlieben er hat. Der Partner muß sie uns zeigen oder über seine Wünsche sprechen.
2. Wir müssen unseren Partner nicht immer dann, wenn er Lust hat, befriedigen. Der Partner kann sich auch selbst

befriedigen, wenn wir nicht in Stimmung sind. Geschlechtsverkehr sollte sich aus dem Wunsch beider Partner entwickeln.

3. Es ist unrealistisch, zu erwarten, daß beide Partner immer zur gleichen Zeit Lust haben. Um Lust empfinden zu können, dürfen wir nicht krank oder erschöpft sein, unter Streß stehen oder über ein Problem nachgrübeln. Wir erwarten auch nicht, daß unser Partner zur gleichen Zeit und gleichviel Hunger hat wie wir.

4. Wir haben keine Macht darüber, ob der Partner Lust empfindet. Selbst wenn wir genau das tun, was ihm gut gefällt, kann es passieren, daß er keine Lust entwickelt. Der Partner muß sich lusterzeugende Gedanken und Phantasien machen, um Erregung zu verspüren. Während ein Partner nicht durch unseren Körper erregt wird, kann sich ein anderer Partner sehr dadurch erregt fühlen. Dies hängt von den Vorlieben des jeweiligen Partners ab.

5. Es ist unrealistisch, zu erwarten, daß es sexuell immer klappen oder in einen Orgasmus münden muß.

6. Sexualität besteht nicht nur aus dem Orgasmus. Gegenseitiges Streicheln, liebevoll miteinander umgehen, sich Zeit für einander nehmen gehört für die meisten Paare auch dazu.

7. Ob wir einen Orgasmus bekommen oder nicht, wir sind und bleiben ein richtiger Mann oder eine richtige Frau, die zu einem bestimmten Zeitpunkt x keinen Höhepunkt erlebt.

Manchmal verhalten wir uns jahrelang in einer für uns schädlichen Art und Weise. Erst zu einem ganz bestimmten Zeitpunkt erkennen wir, daß wir uns mit diesen Verhaltensweisen
geschadet haben oder uns heute anders entscheiden würden.
Manchmal benötigen wir sogar heftige lebenserschütternde
Konsequenzen, um zur Erkenntnis und zu einer Veränderung
zu finden. Leider haben wir dann häufig keine Möglichkeiten
mehr, einmal getroffene Entscheidungen zu korrigieren.

Fallbeispiel: „Ich habe mein Hab und Gut versoffen".
*Herr L., 49 Jahre alt, kam nach der dritten Alkoholentziehungskur zu mir in die Pra-
xis. Diesmal wollte er endlich trocken bleiben. „Weiter runter geht es nicht. Jetzt bin
ich unten in der Gosse angekommen", so beschrieb er seine Situation. Er hatte die Arbeitsstelle verloren, seine Frau ihn verlassen, die Kinder hatten den Kontakt zu ihm
abgebrochen. Er hauste in einem untervermieteten möblierten Zimmer, lebte von der
Sozialhilfe. Vor seiner „Alkoholkarriere" war er Abteilungsleiter in der Versicherungs-
branche gewesen. „Für mich gibt es nur noch zwei Möglichkeiten", sagte er, „es jetzt zu
packen oder mich umzubringen. Ich habe alles in meinem Leben verloren, was mir
wichtig war, und ich weiß nicht, wie ich mir das jemals verzeihen soll. Ich habe meiner
Familie so viel Leid zugefügt, daß ich es wohl nie mehr gutmachen kann. Ich kann
kaum noch meinen Anblick im Spiegel ertragen".*

Das ABC von Herrn L. sieht so aus:

A: Situation:
   Herr L. ist alkoholabhängig. Er lebt von der Sozialhilfe,
   hat seine Familie und seine Stelle verloren, hat Schulden.

B: Bewertung und Schlußfolgerung von Herrn L.:
Ich habe versagt und durch meine Sauferei alles verloren, was mir wichtig war. Ich hätte das meiner Familie nicht antun dürfen. Ich kann mir das nie verzeihen und es nie mehr gutmachen. Ich bin ein verabscheuungswürdiger Mensch.

C: Gefühle und Verhalten:
Schuldgefühle, Selbsthaß, Depressionen

Prüfen wir Herrn L.'s Bewertung und Schlußfolgerung mit den beiden Regeln:
Tatsache ist, daß Herr L. alkoholabhängig ist und infolge seiner Sucht seine Stelle und seine Familie verloren, sowie Schulden gemacht hat. Er hatte den Alkohol als Lösungsstrategie eingesetzt, weil er keine anderen Lösungsmöglichkeiten für seine Probleme sah. Dieses Verhalten war selbstschädigend und schädigend für seine Umgebung. Er ist verantwortlich für dieses Fehlverhalten, aber nicht verabscheuungswürdig. Er hat an dem Punkt versagt, daß er den Alkohol als Problemlöser einsetzte. Er besitzt aber auch Eigenschaften und zeigt Verhaltensweisen, die für ihn und die Umwelt hilfreich sind. Er hat in seinem Leben auch Erfolge zu verzeichnen und Leistungen erbracht. Er ist in der Lage, in der Zukunft mit dem Trinken aufzuhören und sich dieses Verhalten zu verzeihen. Seine Schuldgefühle machen weder sein Fehlverhalten ungeschehen noch helfen sie ihm, sich dieses zu verzeihen.
Seine Selbstanklagen helfen ihm nicht, seine Fehler wiedergutzumachen. Im Gegenteil, sie gefährden ihn, wieder rückfällig zu werden oder sich das Leben zu nehmen.
Die Umwandlung von Schuld- in Reuegefühle sieht für Herrn L. folgendermaßen aus: Er muß die Verantwortung für sein Verhalten übernehmen und sich seine Sucht eingestehen. Er muß lernen, sich sein Fehlverhalten zu verzeihen und wieder Selbstachtung aufzubauen. Er muß sich bewußtmachen, wofür er den Alkohol brauchte und welche angemesseneren Strategien er stattdessen zukünftig einsetzen will. Sicher wird

er einige seiner Fehler nicht wiedergutmachen können. Das muß er als vergangen akzeptieren lernen. Wenn er sich dafür entscheidet, kann er sich jedoch eine neue Existenz aufbauen. Es ist für ihn besser, seine Kräfte für die Neugestaltung seines Lebens zu mobilisieren, als sich permanent mit Schuldgefühlen zu belasten.

Sucht und die Angehörigen

Wenn der Partner eine Sucht entwickelt, dann setzen Angehörige ganz unterschiedliche Techniken ein, um ihn zu „retten". Sie versuchen es mit Einsicht und Argumenten. Sie versuchen es mit Vorwürfen und zeigen ihm durch ihr Verhalten, daß sie nicht einverstanden sind. Nach außen hin versuchen sie das Fehlverhalten des Partners meist zu beschönigen, zu verheimlichen oder zu entschuldigen. „Meinem Mann geht es gesundheitlich nicht gut". „Er ist halt in einer schlechten Phase, hat viele Sorgen". „Er kann immer noch aufhören, wenn er will". „In seiner Familie trinkt man eben viel", usw. Beratungsstellen und Suchtkliniken empfehlen stattdessen vollkommen andere Verhaltensweisen. Empfehlungen wie: „Der Betroffene muß die Konsequenzen seines Verhaltens verspüren. Lassen Sie ihn besoffen liegen, stellen Sie ihm noch mehr Alkohol hin, damit er schneller am Ende ist", „Erzählen Sie im Bekanntenkreis, daß er alkoholabhängig ist", stehen im Widerspruch zu den eigenen moralischen Grundsätzen, dem Partner zu helfen. Die Angehörigen reagieren deshalb zunächst mit Schuldgefühlen, wenn sie die Empfehlungen befolgen. Sie wissen zwar vom Kopf her, daß sie ihrem Partner nur so zu der Erkenntnis helfen können, daß er sich selbst schädigt, aber ihr Gefühl sagt ihnen, daß sie ihren Partner verraten und im Stich lassen. Auch hier muß erst ein Umlernprozeß durchlaufen werden (s. Kapitel 3).

Manchmal geben sich Angehörige auch die Schuld an der Sucht ihres Partners. Dies ist irrational, denn gleichgültig wie „bösartig und gemein" Angehörige möglicherweise auch sein

181

mögen, bleiben dem Betroffenen andere Möglichkeiten, als zu trinken. Ebensowenig wie man Betroffene vom Trinken abhalten kann, kann man sie in die Abhängigkeit treiben.

Fallbeispiel: „Ich darf nicht krank sein. Meine Kinder brauchen mich".

Frau R., 32 Jahre, geschieden, zwei kleine Kinder, kam wegen schwerer Depressionen in Therapie. Ihr Mann hatte sich von ihr getrennt, weil er den Eindruck hatte, im Leben etwas versäumt zu haben, und sich von der Familie eingeengt fühlte. Für Frau R., die sich eine Trennung nicht hätte träumen lassen, brach eine Welt zusammen. Sie stellte sich immer wieder die Frage, was sie verkehrt gemacht hätte und was an ihr nicht stimmen könnte. Morgens schaffte sie es kaum aufzustehen. Eine Nachbarin half ihr, die Kinder für den Kindergarten fertigzumachen. Dann verkroch sie sich wieder ins Bett. Mittagessen kochte ihre Mutter für sie und die Kinder. Jeder in ihrer Umgebung machte ihr Vorwürfe, daß sie sich nicht so hängenlassen sollte. Sie sollte doch an ihre Kinder denken, denn sie hätte schließlich jetzt die alleinige Verantwortung für diese. Außerdem wäre sie doch noch jung und würde wieder einen Partner finden. Ihr Exmann verdiente es ohnehin nicht, daß sie so um ihn trauerte. Diese Vorwürfe verstärkten die Schuldgefühle, die sie sich ohnehin schon machte. Jeden Tag nahm sie sich vor, sich zusammenzureißen und ihren Alltag wieder alleine zu bewältigen, aber sie schaffte es einfach nicht.

Das ABC von Frau R. sieht so aus:

A: Situation:
Herr R. hat seine Frau und die Kinder verlassen. Frau R. ist depressiv und schafft es nicht, die Kinder alleine zu versorgen.

B: Bewertung und Schlußfolgerung von Frau R.:
Meine Kinder brauchen mich. Ich müßte meine Kinder alleine versorgen. Ich darf mich nicht so hängenlassen. Ich habe im Leben versagt.

C: Gefühle, Körperreaktion und Verhalten:
Schuldgefühle, Depressionen, Energie- und Hoffnungslosigkeit

Bei der Überprüfung von Frau R's. Selbstgesprächen ergab sich folgende Korrektur:

Es ist richtig, daß Frau R.'s Kinder sie brauchen. Sie hat das Sorgerecht für die Kinder. Im Augenblick ist sie jedoch nicht in der Lage, dies alleine zu bewerkstelligen. Sie ist depressiv, auch wenn dies nicht der passende Zeitpunkt sein mag und für die Kinder nicht besonders gut ist. Sie kann im Augenblick ihre Depressionen nicht verhindern. Depressionen sind eine Erkrankung, die man nicht durch Willenskraft in Luft auflösen kann. Frau R. tut im Augenblick alles, was ihr möglich ist: Sie hat die Nachbarin und ihre Mutter um Unterstützung gebeten. Sie übertreibt, wenn sie sich einredet, im Leben versagt zu haben. Sie tut das für ihre Kinder, was ihr im Augenblick möglich ist. Früher konnte sie und hat sie ihrer Familie mehr geben können. Wenn sie ihre Depressionen überwunden hat, wird sie sich auch wieder mehr für ihre Kinder einsetzen können.

Schuldgefühle und Forderungen, sich nicht so hängenzulassen, helfen Frau R. nicht. Sie verstärken ihre Selbstzweifel und Depressionen, denn sie bemerkt, daß sie es nicht schafft. Hilfreicher ist es für Frau R., zunächst einmal zu lernen, ihre Depressionen zu akzeptieren. Sie sind ihre Reaktion auf die Trennung von ihrem Mann. Sie sollte einen Therapeuten aufsuchen, um zu lernen, ihre Depressionen abzubauen und wieder mehr Selbstvertrauen aufzubauen. Sie muß beginnen, sich kleine, realistische Ziele zu setzen, die sie im Alltag verwirklichen kann. Es genügt im Augenblick, wenn sie dafür Sorge trägt, daß die Kinder von anderen versorgt werden.

Fallbeispiel: „Ich habe mein Leben vertan".

Frau F., 58 Jahre, alleinstehend, wurde im Zuge von Rationalisierungen in den vorzeitigen Ruhestand versetzt. Dies war Anlaß für sie, ihr Leben Revue passieren zu lassen. Bisher hatte sie all ihre Energien in ihren Arbeitsplatz als Chefsekretärin investiert. Sie hatte sich keinen Freundeskreis aufgebaut und auch kein Hobby verfolgt. Ihre unregelmäßigen Arbeitszeiten waren für sie immer ein Argument, außerdem war sie nach Arbeitsschluß dann auch ziehmlich erschöpft. Zweimal hatte sie halbherzig einen Gymnastikkurs besucht, aber sich dabei auch schwergetan, Kontakte zu knüpfen. Be-

sonders schmerzlich war es nun für sie, Frauen ihres Alters mit den Enkeln spazieren-
gehen zu sehen. An den Festtagen verzog sie sich regelmäßig ins Bett, weil sie den An-
blick glücklicher Familien und ihre Einsamkeit nicht ertragen konnte. Sie machte sich
Vorwürfe, nur ihre Karriere im Kopf gehabt zu haben. Hätte sie doch lieber eine Fami-
lie gegründet und sich für ein Kind entschieden!

Das ABC von Frau F.:

A: Situation:
Frau F. ist in den Vorruhestand versetzt worden. Sie hat
keine Familie, keine Kinder, keine Hobbies und keinen
Freundeskreis. Sie fühlt sich einsam.

B: Bewertung und Schlußfolgerung von Frau F.:
Hätte ich mich doch für Familie und Kinder statt für eine
Karriere entschieden. Wie konnte ich nur so karrieresüch-
tig sein. Ich habe mein Leben vertan.

C: Gefühle und Verhalten:
Schuldgefühle, Selbsthaß, Depressionen, Isolation

Lassen Sie uns die beiden Regeln auf die Bewertung und
Schlußfolgerung von Frau F. anwenden:
Tatsache ist, daß Frau F. sich in jungen Jahren für ihre berufliche Laufbahn entschieden hat. Sie hat in ihrem Beruf Erfüllung und Anerkennung gefunden. Frau F. versprach sich in
den jungen Jahren mehr von ihrem Beruf als von einer Familie und Kindern. Deshalb war diese Entscheidung nur folgerichtig. Es ist wenig sinnvoll, ihre Entscheidungen von damals
an dem Wissen und den Lebensprinzipien von jetzt zu messen. Sie konnte auch nicht vorhersehen, daß sie jetzt vorzeitig
entlassen wird. Es ist eine übertriebene Schlußfolgerung, jetzt
zu denken, daß sie ihr Leben vertan hat. Sie hat sich für ihre
Firma und ihre Laufbahn eingesetzt. Sie hat sich eine gute
Pension erwirtschaftet und kann sich heute vieles leisten. Ob
sie in der Familie und mit Kindern mehr Zufriedenheit gefunden hätte, ist eine Spekulation.

Das Mit-Sich-Ins-Gericht-Gehen hilft Frau F. in ihrer jetzigen Situation nicht. Es verdirbt ihr nicht nur die Freude an ihrem Rentnerdasein, es verhindert auch, ihr Leben jetzt neu zu gestalten. Wie kann Frau F. die blockierenden Schuldgefühle abbauen?

Frau F. muß lernen, ihre damalige Entscheidung zu akzeptieren. Sie hat sich für die Karriere eingesetzt, weil sie für sie erfüllender schien. Sie muß aufhören, sich versäumte Lebensperspektiven zu idealisieren. Kinder bieten keine Garantie für Enkel und auch keine Garantie dafür, im Alter nicht einsam zu sein. Sie muß sich ihre Gründe in Erinnerung rufen, weshalb sie sich nicht für eine Partnerschaft entschieden hat. Es ist auch in Ordnung, wenn sie sich eingesteht, daß sie es heute anders sieht und sich anders entscheiden würde. Sie darf es bedauern, nur diese Seite des Lebens kennengelernt zu haben. Dann sollte sie ihren Blick jedoch darauf lenken, was sie heute an Möglichkeiten hat, sich Zufriedenheit zu verschaffen, und aktiv werden.

Fallbeispiel: „Ich hätte mich nicht von meiner Frau trennen sollen".

Herr M., zu Therapiebeginn 43 Jahre alt, hatte sich mit 35 Jahren nach 10-jähriger Ehe von seiner Frau getrennt. Grund für die Trennung: Die bürgerlichen Lebensvorstellungen hatten ihn angeödet, er war sich so beengt vorgekommen. Das sonntägliche Familientreffen, die gemeinsamen Spaziergänge - alles war ihm so spießig und geordnet erschienen. Eine neue Mitarbeiterin in der Firma, 22 Jahre jung schien ihm die passendere Partnerin zu sein. Sie wollte einfach so wie er das Leben genießen und spontan in den Tag hineinleben. Mit der Zeit machte ihm die Unverbindlichkeit, mit der sie mit der Partnerschaft umging, jedoch zu schaffen. Sie hielt sich nicht an Absprachen und nutzte ihn finanziell aus. Mit der Treue hielt sie es auch nicht so genau. Immer wieder einmal ging sie mit anderen Männern aus und Herr M. wurde mehr und mehr unsicher, ob sich nicht auch im Bett etwas abspielte. Schließlich kündigte die Freundin von einem Tag auf den anderen in der Firma und war auch privat nicht mehr für ihn zu sprechen. Herr M. litt sehr unter der Trennung. Noch stärker machten ihm jedoch seine Selbstvorwürfe zu schaffen: „Ich hätte das meiner Ex-Frau nicht antun dürfen, mich von ihr zu trennen. Das war ein unverzeihlicher Fehler. Ich hätte so eine Frau nicht verlassen sollen".

Im ABC der Gefühle sah Herrn M.'s Problem so aus:

A: Situation:
Herr M. hat sich von seiner Frau getrennt, um mit einer anderen Frau zusammenzuleben.

B: Bewertung:
Ich hätte das meiner Ex-Frau nicht antun dürfen, mich von ihr zu trennen. Das war ein unverzeihlicher Fehler. Ich hätte so eine Frau nicht verlassen sollen.

C: Gefühle, Körperreaktion und Verhalten:
Schuldgefühle, Grübeln, Magenschmerzen, Schlafstörungen, Konzentrationsschwäche

Wenn wir die beiden Regeln für hilfreiches Denken auf sein Selbstgespräch anwenden, ergibt sich folgende Korrektur: Tatsache ist, daß Herr M. seine Frau verlassen hat. Zum damaligen Zeitpunkt hat er ausreichend Gründe für sich gesehen, die Partnerschaft aufzugeben. Er hat sich auch nicht vorstellen können, wie schmerzhaft eine Trennung für den verlassenen Partner sein kann. Ihm haben die Erfahrung und Reife gefehlt. Inzwischen haben sich seine Bedürfnisse verändert. Es ist jedoch nicht sinnvoll, mit der Sicht von heute sein damaliges Verhalten zu beurteilen. Er konnte nicht in die Zukunft sehen, wie er sich im Laufe der Zeit veränderte. Es ist bedauerlich, daß er sich heute anders verhalten würde, seine Entscheidung aber nicht mehr rückgängig machen kann. Ob er sich den Fehler verzeihen kann, ist ganz alleine seine Entscheidung. Es gibt keine unverzeihlichen Fehler. Nur dann, wenn er von sich erwartet, immer alles richtig zu machen, führen Fehler zu einer Selbstverurteilung.

Die Selbstanklagen sind nicht hilfreich für Herrn M. Er bekommt körperliche Beschwerden und lebt mit seinen Gedanken in der Vergangenheit.

Hilfreicher ist es für Herrn M., sich seine Entscheidung zur Trennung zu verzeihen. Aus der damaligen Sicht war sie richtig, aus heutiger Sicht bedauerlich. Wenn er sich den Fehler verzeiht, kann er eine neue Partnerschaft eingehen. Aus den beiden Partnerschaften hat er gelernt, welche Eigenschaften und Verhaltensweisen einer Partnerin für ihn wichtig sind.

Fallbeispiel: „Ich hätte auf meinen Arzt hören sollen".

Herr V., 53 Jahre, kam nach seinem ersten Herzinfarkt zu mir in die Praxis. Jahrelang hatte er sich keinerlei Gedanken um seine Gesundheit gemacht. Er hatte Raubbau mit seinem Körper getrieben, täglich 12 bis 14 Stunden gearbeitet, viel geraucht, viel zu fett und ungesund gegessen und sich kaum Urlaub gegönnt. Es lief für ihn alles wie am Schnürchen. Er hatte sich eine Firma mit 15 Mitarbeitern aufgebaut, war geschäftlich erfolgreich und bei Mitarbeitern und Kunden beliebt. Im Rahmen eines Gesundheits-Checkups hatte sein Hausarzt ihm zwar angeraten, kürzer zu treten und mehr auf sein Gewicht zu achten, aber er hatte sich körperlich fit gefühlt und die Warnung in den Wind geschlagen. Sein Herzinfarkt und die nachfolgende Rehabilitationsmaßnahme brachten ihn zur Erkenntnis, daß er seinem Körper wohl doch zu viel zugemutet hatte. Da er immer alles richtig machen wollte, quälte er sich mit heftigen Vorwürfen: „Hätte ich doch nur auf den Arzt gehört. Jetzt bin ich ein Krüppel".

Ordnen wir Herrn V.'s Problem in das ABC ein:

A: Situation:
Der Arzt hat Herrn V. geraten, kürzer zu treten. Er hat diesen Ratschlag nicht befolgt und einen Herzinfarkt erlitten.

B: Herrn V.'s Bewertung:
Ich hätte auf meinen Arzt hören sollen. Jetzt bin ich ein Krüppel.

C: Gefühle und Verhalten:
Schuldgefühle, Selbstmitleid, Minderwertigkeitsgefühle

Die Überprüfung von Herrn V.'s Selbstgespräch ergab: Tatsache ist, daß Herr V. nicht auf seinen Arzt gehört hatte. Grund: Sein Körper hat sich gut angefühlt, er war sehr zufrieden mit seinem beruflichen Erfolg, hat viel Anerkennung bekommen und deshalb so weitergelebt. Er war überzeugt, sich richtig zu verhalten, und konnte seinen Herzinfarkt nicht vorhersehen. Deshalb ist es nicht sinnvoll, sich im nachhinein Vorwürfe zu machen. Es war ein Fehler und es ist bedauerlich, daß er die Situation falsch eingeschätzt hat. Aber auch dann, wenn dies zum Herzinfarkt oder sogar zum Tod führt, dürfen Menschen Fehler machen. Andererseits weiß Herr V. nicht, ob er den Herzinfarkt, hätte er den Ratschlag des Arztes befolgt, noch hätte verhindern können. Seine Einschätzung, ein Krüppel zu sein, ist übertrieben. Seine Glieder sind noch voll funktionsfähig. Mit einem Herzinfarkt kann er noch nahezu alle Aktivitäten machen.

Schuldgefühle und Selbstvorwürfe machen sein Verhalten nicht ungeschehen und erzeugen noch zusätzlichen Streß.

Herr V. kann lernen, seine Fehleinschätzung zu akzeptieren. Dann ist er frei, sich zu überlegen, wie er sein Leben in Zukunft weitergestalten will. Will er sein Arbeitsverhalten, seine Ernährung, sein Ausmaß an Bewegung und Freizeit verändern? Er kann viel dafür tun, keinen zweiten Infarkt zu bekommen und seine Lebensqualität zu verbessern. Der Infarkt kann für ihn eine Chance sein, sich andere Bereiche in seinem Leben zu erschließen.

Arbeitslosigkeit und Schulden

Viele Menschen reagieren mit heftigen Schuldgefühlen, wenn sie arbeitslos werden oder sich finanziell verkalkuliert und infolgedessen Schulden haben. Auch hier stehen im Hintergrund Normen und Wertvorstellungen:
1. „Wer nicht arbeitet, ist nichts oder weniger wert."
2. „Wer arbeitslos ist, ist selbst schuld."
3. „Schulden macht man nicht. Wenn man Schulden macht, ist man ein Versager."

Haben wird diese Normen verinnerlicht, so ist es an der Zeit, sich diese mit Hilfe der beiden Regeln für hilfreiches Denken einmal genauer anzuschauen.

Arbeitslosigkeit ändert nichts am Wert eines Menschen. Wir behalten weiterhin unsere Qualitäten, Eigenschaften und Fähigkeiten. Wir können arbeitslos werden, weil die Firma Arbeitsplätze abbaut und wir erst kurz in der Firma angestellt sind, weil die Firma schließt und/oder weil unser Ehepartner noch mitarbeitet, weil wir keinen neuen Arbeitsplatz finden, usw. Sich Schuldgefühle für etwas zu machen, was nicht in unserer Kontrolle liegt, ist nicht sinnvoll. Selbst wenn wir arbeitslos werden, weil wir gekündigt haben oder wegen eines Fehlverhaltens entlassen wurden, sind Schuldgefühle unangebracht. Wir haben die Konsequenzen zu tragen, arbeitslos zu sein. Das genügt. Statt unsere Energien für Schuldgefühle zu verschwenden, können wir uns überlegen, wie wir einen Arbeitsplatz finden, der eher unseren Vorstellungen entspricht, oder wie wir in Zukunft unser Fehlverhalten verhindern können.

Hinter Schulden verbergen sich viele Ursachen.

a) Wir machen dann Schulden, wenn wir Situationen falsch einschätzen.

Wir glauben beispielsweise, die Schulden schnell wieder zurückzahlen zu können, oder rechnen mit einem Erbe, einer Gehaltserhöhung, einem Lottogewinn, einer Wertsteigerung, die nicht eintrifft.

b) Wir haben seelische Probleme, sind spiel- oder kaufsüchtig.

In beiden Fällen bringen uns Schuldgefühle nicht weiter. Sie beheben unsere Schulden nicht und hindern uns auch nicht daran, weitere Schulden zu machen. Sie führen möglicherweise dazu, daß wir unsere Schulden verheimlichen, einem Kredithai ins Netz gehen, nichts gegen die Schulden unternehmen oder uns illegal Geld verschaffen. Sie können zu

Depressionen führen. Besser ist es für uns, zu unserem Fehler zu stehen und nach Lösungsmöglichkeiten zu suchen. Wir können eine Schuldnerberatungsstelle aufsuchen oder uns im Falle einer Spiel- oder Kaufsucht in therapeutische Behandlung begeben.

Auch hier gilt wieder: Wer Schulden macht, ist kein schlechter Mensch oder genereller Versager. Er versagt in einem Bereich aus ganz bestimmten Gründen.

Viele Menschen fühlen sich dann ganz besonders ihren Schuldgefühlen ausgeliefert, wenn sie glauben, durch ihr Verhalten sei ein Mensch zu Tode gekommen.

Fallbeispiel: „Ich habe ein kleines Kind auf dem Gewissen".

Herr D., 52 Jahre alt, fuhr von der Arbeit nach Hause. Es war Winter und bereits ein wenig dämmrig. Er hatte einen anstrengenden Tag hinter sich gebracht, kurz vor Feierabend noch eine entscheidende Sitzung geleitet. In Gedanken ging er noch einmal die wichtigsten Punkte der Sitzung durch. Die Firma sollte umstrukturiert werden und er mußte entscheiden, welche der Mitarbeiter zur Entlassung anstanden. Keine leichte Aufgabe - er war nicht einer derjenigen, denen es leicht fiel, anderen Menschen Negatives mitzuteilen. Als er nur noch wenige hundert Meter von seinem Haus entfernt um die rechte Kurve fuhr, sprang ein kleiner Junge hinter einem zu knapp an der Kurve geparkten Auto vor und lief direkt vor sein Auto. Es ging alles so blitzschnell, daß sein Bremsen nichts nützte. Der Junge schleuderte ein paar Mal durch die Luft und fiel dann wie ein Sack auf den Boden. Nach ein paar Tagen starb der Junge in der Klinik. Seitdem war Herr D. arbeitsunfähig. „Ich kann mit dieser Schuld nicht leben, einen Menschen auf dem Gewissen zu haben", so vertraute er mir an. Obwohl er nicht zu schnell gefahren war und ihn laut Polizeibericht keine Schuld traf, schaffte er es nicht, aus dem Grübeln und den Selbstvorwürfen auszubrechen. „Mein Leben ist gelaufen", mit dieser Einschätzung begann er die Therapie.

Sortieren wir die Erlebnisse von Herrn D. ins ABC der Gefühle:

A: Situation:
Herrn D. lief ein kleiner Junge ins Auto und starb an den Unfallfolgen.

B: Seine Bewertung und Schlußfolgerung:
Ich hätte mehr aufpassen müssen. Wenn ich meine Gedanken beim Autofahren gehabt hätte, hätte ich schneller reagieren können, und der kleine Junge würde noch leben. Ich habe ein Kind auf dem Gewissen.

C: Gefühle, Körperreaktion und Verhalten:
Schuldgefühle, Selbsthaß, Verzweiflung, Arbeitsunfähigkeit

Wenden wir wieder die beiden Regeln für hilfreiches Denken an, um zu prüfen, inwieweit die Beurteilung und Schlußfolgerung von Herrn D. der Situation angemessen ist:
Tatsache ist, daß der Junge durch den Aufprall schwer verletzt wurde und an den Unfallfolgen starb. Der Unfall passierte, weil die Straße nicht einsehbar war, Herr D. gerade zu dem Zeitpunkt mit dem Auto um die Kurve fuhr, als der Junge, ohne zu schauen, auf die Straße lief. Es trafen verschiedene unglückliche Umstände zusammen, die Herr D. nicht kontrollieren konnte: die Kurve, die Unachtsamkeit des Jungen, das falsch geparkte Auto, die Dämmerung. Er konnte nicht in die Zukunft schauen und das Auf-die-Straße-rennen des kleinen Jungen vorhersehen. Es ist fraglich, ob Herr D. sich hätte anders verhalten können, wäre er nicht mit den Gedanken in der Firma gewesen. Außerdem gab es genug Gründe, weshalb Herr D. sich mit der Firma beschäftigte. Wenn Herr D. sich einredet, daß er ein Kind auf dem Gewissen hat, dann entspricht das nicht den Tatsachen. Diese Behauptung klingt so, als ob er alleine für den Unfall verantwortlich wäre. Er war an einem tragischen Unfall beteiligt, bei dem ein kleiner Junge ums Leben kam.
Die Selbstvorwürfe und daraus resultierenden Schuldgefühle von Herrn D. machen den Unfall nicht ungeschehen. Sie verhindern, daß er seine verantwortungsvolle Position in der Firma weiter bekleiden kann. Die Fähigkeiten, die er in der Firma zeigen kann, können dann niemandem mehr nutzen. Durch seine Selbstzermarterung wird der kleine Junge nicht wieder lebendig.

Herr D. kann lernen, sich die Wahrheit zu sagen. Er war unglücklicherweise zur gleichen Zeit, als der Junge auf die Straße sprang, mit seinem Auto an der gleichen Stelle. Das ist traurig, aber deshalb ist er kein Verbrecher, den es zu verachten gilt. Er ist nicht perfekt und kann nicht alles vorhersehen, was in seinem Leben auf ihn zukommt. Er kann sich überlegen, ob er seine Energien etwa für den Kampf um mehr Verkehrssicherheit für Kinder einsetzt, um sich zu entlasten.

Fallbeispiel: „Ich habe mein Kind abgetrieben".

Frau P. war 41 Jahre alt, verheiratet, und hatte bereits zwei Kinder, als sie erneut schwanger wurde. Ihr Mann wollte auf keinen Fall ein drittes Kind haben, sie selbst war zunächst unsicher. Sie hatten sich gerade ein kleines Reihenhäuschen gekauft, um den Kindern das Spielen im eigenen Garten zu ermöglichen. Herr P. war in einer großen Firma als Monteur angestellt. Mit dem Geld kamen sie gerade so hin, an eine große Urlaubsreise war nicht zu denken. Geplant war, daß Frau P., sobald die beiden Kinder aus dem Gröbsten rauswaren, auch noch ein paar Mark dazu verdienen sollte. Ein drittes Kind würde alle Pläne zunichte machen, ein gewisses Gesundheitsriskio war nach zwei komplikationsreichen Schwangerschaften auch nicht auszuschließen. So entschied sich Frau P. zum Abbruch. Als sie von der Klinik nach Hause kam, machte sie sich große Vorwürfe. Wäre es nicht doch auch mit 3 Kindern gegangen? Hatte sie es sich zu leicht gemacht? Ist denn ein Embryo nicht auch ein Lebewesen, das sie jetzt ermordert hatte? Ihre Schuldgefühle wurden durch Fernsehdiskussionen und eine kirchliche Kampagne verstärkt, bei der man Plakate mit Bildern von abgetriebenen Emybros verteilte. Von ihrem Mann erhielt sie keine Unterstützung. Für ihn war alles klar: „Was du nur hast. Das bißchen Ei ist doch noch nicht lebensfähig. Ich will jetzt nichts mehr davon hören." In der Therapie verspürte Frau P. Erleichterung, überhaupt erst einmal offen über ihre Gefühle sprechen zu können.

Das ABC der Gefühle von Frau P. sieht so aus:

A: Situation:
Frau P. ließ einen Schwangerschaftsabbruch vornehmen.

B: Bewertung und Schlußfolgerung von Frau P.:
Ich hätte mein Kind nicht töten dürfen. Ich habe es mir zu leicht gemacht. Ich bin gewissenlos.

C: Gefühle und Verhalten:
Schuldgefühle, Selbsthaß, Einsamkeit, Streit mit dem Partner

Die Überprüfung mit Hilfe der beiden Regeln für hilfreiches Denken ergibt:
Tatsache ist, daß Frau P. abgetrieben hat. Sie hat sich lange das Für und Wider überlegt. Es gab für sie mehr Gründe dafür, kein drittes Kind in die Welt zu setzen. Dabei hat sie die Interessen der Familienmitglieder, ihre eigenen und ihre Gesundheit berücksichtigt. Sie ist kein gewissenloser Mensch, denn dann würde sie sich keine Gedanken über die Richtigkeit ihres Tuns machen. Selbst wenn sie aus jetziger Sicht zu der Meinung kommt, daß ein drittes Kind auch noch bei ihnen hätte leben können, ist sie nicht zu verdammen. Sie hat eine falsche Entscheidung getroffen, die sie bedauert.
Selbstanklagen helfen ihr nicht, mit ihrer Situation zurechtzukommen. Sie bekommt Streit mit dem Partner und wird ungeduldig den Kindern gegenüber.
Frau P. kann ihre Schuldgefühle in Bedauern umwandeln. Sie kann lernen, ihre Entscheidung als getroffen hinzunehmen. Zu dem Zeitpunkt, als sie sich für den Abbruch entschied, hat sie mehr Gründe dafür gesehen, es zu tun, als es nicht zu tun. Kirche und Staat haben gerade in bezug auf den Schwangerschaftsabbruch ganz unterschiedliche Vorstellungen und Normen. Auch zwischen einzelnen Ländern und Kulturen gibt es unterschiedliche Bewertungen. Im Augenblick kann sie Argumente für und gegen einen Schwangerschaftsabbruch finden. Es ist ganz allein ihre Entscheidung.

„Einen anderen Menschen töten, kann man doch nicht gutheißen", mögen Sie vielleicht jetzt einwenden. Es geht mir nicht darum, etwas gutzuheißen. Wenn ein Mensch einen anderen bei einem Unfall tötet, ohne Kontrolle über die Ereignisse zu haben, dann haben seine Schuldgefühle keinerlei Funktion. Kommt ein Dritter um, weil er zu viel Alkohol getrunken, die Verkehrsregeln mißachtet hat, mit einem defekten Auto gefahren ist oder unter Tabletteneinfluß stand, dann ist er für sein Verhalten verantwortlich. Dann bin ich mit Ihnen einer Meinung, daß es gut wäre, wenn der Betreffende den Fehler einsieht und Reue zeigt. Das gleiche gilt auch für Vergewaltigung oder Mord.

Meine ganz persönliche Überzeugung ist es, daß die Grenzen des Einzelnen beim Leben seiner Mitmenschen enden sollten. Für mich gibt es absolut keine Entschuldigung dafür, einen Menschen umzubringen. Weder der Heilige Krieg, ein politisches System noch irgendeine Tat rechtfertigen es in meinen Augen, Menschen zu töten. Diese Überzeugung kann ich jedoch nicht durch Schuldgefühle beweisen. Schuldgefühle haben nur dann einen Sinn, wenn der Betreffende daraus eine Veränderung ableitet. Keine Schuldgefühle zu haben, bedeutet nicht, daß man ein Verhalten gutheißt. Schuldgefühle zu haben, bedeutet nicht, daß man sich ändert. Über eines bin ich mir jedoch im klaren: Auch wenn ich jetzt so fest das Prinizip vertrete, daß die Grenze des Einzelnen beim Leben des Mitmenschen enden sollte, könnte ich in Situationen kommen, wo ich es breche. Ich wage nicht einzuschätzen, was Folter, Hunger oder akute Bedrohung bei mir auslösen würden.

Schuldgefühle, weil man selbst überlebt hat

Manche Menschen, die bei einem schrecklichen Unglück mit dem Leben davongekommen sind, während andere dabei starben, quälen sich mit Schuldgefühlen, überlebt zu haben. Ihre Schuldgefühle können durch ganz unterschiedliche Gedankengänge hervorgerufen werden:

1. Ich sollte nicht überleben. Andere hätten es eher verdient, weiterzuleben.
2. Ich sollte nicht so viel Glück haben, zu überleben.
3. Wäre ich gestorben, hätten andere gerettet werden können.
4. Ich hätte etwas tun können, um andere zu retten, und habe es nicht getan.

5. Ich habe überlebt, weil ich egoistisch gehandelt habe, und andere nicht. Ich hätte nicht so egoistisch handeln dürfen.
6. Ich habe falsch gehandelt und deshalb sind andere gestorben. Das hätte ich nicht tun dürfen.

Betroffene können auch hier wiederum nichts an dem Ereignis ändern, daß andere bei dem Unglück gestorben sind. Sie rufen ihre Schuldgefühle jedoch selbst durch ihre ungesunden Denkhaltungen hervor und haben die 100%ige Kontrolle darüber, diese zu korrigieren.

1. Warum sollten andere Menschen es mehr verdienen zu überleben? Alle Menschenleben sind gleich wertvoll.
2. Es gibt keine Gerechtigkeit und Fairness auf der Welt. Ich habe überlebt, weil alle Bedingungen dafür erfüllt waren.
3. Das ist lediglich eine Annahme. Niemand weiß, ob durch mein Sterben andere hätten gerettet werden können.
4. Glückliche Umstände und Zufall spielen eine Rolle. Ich kann nicht alles durch mein Verhalten steuern. Es ist außerdem unsicher, ob andere gerettet hätten werden können, hätte ich mich anders verhalten.
5. Selbst wenn ich etwas für die Rettung anderer hätte tun können, habe ich es nicht getan. Das war ein Fehler. Ich bereue es, aber es ist kein Grund, mich zu verdammen.
6. Ich habe das getan, was ich in dem betreffenden Augenblick für richtig hielt und in der Lage war, zu tun. Ich bedaure, daß es sich im nachhinein als falsch herausstellt.

Es ist ferner sinnvoll, sich auch zu fragen: Wenden Sie auf andere Menschen die gleichen moralischen Prinzipien an wie auf sich? Verurteilen Sie deren Verhalten ebenfalls schärfstens oder ziehen Sie in Betracht, daß diese sich in einer traumatischen Situation befanden? Beurteilen Sie Ihr Verhalten nach dem Alles-oder-Nichts-Prinzip, d.h. entweder als falsch oder als richtig? Dann sollten Sie es in verschiedene Bereiche aufgliedern: Z.B.: 30% der Zeit handelte ich aus Angst, 70% des Verhaltens war angemessen oder 10% handelte ich egoistisch, 90% der Zeit bemühte ich mich darum, anderen zu helfen.

Wenn wir ein Buch lesen, das für uns wichtig ist, dann gibt es meist ein paar Stellen, die uns ganz besonders bewegen, unsere Sichtweise ergänzen oder unsere Gedankengänge in eine andere neue Richtung lenken. Da ich nicht weiß, an welchen Stellen des Buches Sie ein Aha-Erlebnis hatten, besonders ärgerlich, erschüttert, erleichtert oder erstaunt reagiert haben, fasse ich im folgenden einfach nochmals die wichtigsten grundsätzlichen Erkenntnisse zusammen. Hinter den einzelnen Punkten füge ich die Kapitelnummern an, sodaß Sie dort nochmals intensiver nachlesen können.

Teil I:

1. Schuldgefühle entstehen nicht, weil wir uns falsch oder entgegen unserer moralischen Wertvorstellungen verhalten. Sie sind die Folge unserer Bewertungen und Schlußfolgerungen. Wann immer wir unsere Gedanken, Gefühle oder unser Verhalten als falsch bewerten und uns dafür verurteilen, werden wir Schuldgefühle haben. Reuegefühle und Bedauern verspüren wir dann, wenn wir unser Verhalten als falsch ansehen, aber uns dafür nicht als Menschen verurteilen.
(s. Kapitel 1)

2. Wir haben in der Kindheit gelernt, in uns Schuldgefühle hervorzurufen, wann immer wir uns entgegen bestimmter Wertvorstellungen verhalten.
(s. Kapitel 1)

197

3. Die Normen und Regeln, nach denen wir unser Verhalten beurteilen, sind von den Eltern, der Gesellschaft, der Kirche und uns selbst formuliert. Häufig widersprechen sich einzelne Regeln. Nicht immer sind diese Regeln hilfreich und den Situationen angemessen.
(s. Kapitel 1)

4. Unsere Selbstgespräche, die zu Schuldgefühlen führen, haben immer dasselbe Schema: „Mein Verhalten war/ist falsch. Ich hätte das nicht tun, sagen, denken, fühlen dürfen" oder „Ich sollte so etwas nicht tun, sagen, denken oder fühlen", und „weil ich es dennoch getan habe oder tue, bin ich ein schlechter, ablehnenswerter Mensch".
(s. Kapitel 1)

5. Schuldgefühle sind nicht hilfreich. Sie machen uns klein und manipulierbar. Sie machen unsere Fehler nicht ungeschehen, helfen uns nur sehr selten dabei, unser Verhalten zu korrigieren oder zukünftig zu vermeiden. Sie können dazu führen, daß wir die Schuld verleugnen, auf andere schieben, depressiv werden, körperlich erkranken oder suchtmittelabhängig werden.
Um uns in der Zukunft anders zu verhalten, unsere Fehler wiedergutmachen oder zu korrigieren, genügt es, Verantwortung für sie zu übernehmen und sie zu bedauern.
(s. Kapitel 2)

6. Keine Schuldgefühle zu haben, bedeutet nicht, daß wir jegliches Verhalten gutheißen und keine moralischen Grundsätze haben.
(s. Kapitel 3)

7. Wenn wir Schuldgefühle verspüren, bedeutet dies nicht zwangsläufig, daß wir uns fehlerhaft verhalten haben. Schuldgefühle sind lediglich die Folge unserer Bewertungen und Schlußfolgerungen. Diese sind jedoch häufig unangemessen.
(s. Kapitel 3)

8. Grundsätzliche Denkfehler, die zu Schuldgefühlen führen :

- Wir verlangen von uns im nachhinein, wir hätten etwas vorhersehen, wir hätten im voraus wissen müssen, was wir mit unserem Verhalten anrichten.
- Wir verlangen von uns, wider besseres Wissen handeln zu können und fehlerlos zu sein.
- Wir verurteilen nicht nur unser Verhalten, d.h. das, was wir gesagt oder getan haben, sondern verurteilen uns als Mensch.
- Wir machen die Beurteilung unseres Verhaltens und unserer Person von etwas abhängig, auf das wir keinen oder nur einen geringen Einfluß haben. Wir machen uns für etwas verantwortlich, über das wir nur bedingt Kontrolle haben.
- Wir wenden unsere heutigen Maßstäbe und Vorstellungen auf unser Verhalten in der Vergangenheit an.
  (s. Kapitel 4)

9. Menschen, die besonders schnell mit Schuldgefühlen reagieren, zeichnen sich durch folgende Denkhaltungen aus:

- Streben nach Perfektion
- Selbstzweifel und Minderwertigkeitsgefühle
- Hohe Sensibilität und die Übernahme der Verantwortung für Probleme und Leid anderer
- Die Einstellung, die Gefühle anderer durch ihr Verhalten steuern zu können. Die meisten Frauen bekommen in ihrer Erziehung Regeln vermittelt, die sie für Schuldgefühle empfänglich machen.
  (s. Kapitel 5)

10. Auch wenn wir noch so sehr danach streben, uns immer und überall richtig zu verhalten, wird es uns nicht gelingen. Gründe hierfür sind:

- Unwissenheit und mangelnde Erfahrung
- Seelische Probleme
- sich widersprechende Wertvorstellungen
- sich verändernde Wertvorstellungen

- unterschiedliche Sichtweisen und Bedürfnisse der Menschen

Deshalb ist es nicht sinnvoll, von sich Fehlerlosigkeit zu fordern und sich zu verdammen, wann immer man einen Fehler gemacht hat. Auch die Forderung, ein anderer dürfe sich niemals aufgrund unseres Verhaltens verletzt fühlen, ist nicht zu erfüllen. Andere sind für ihre Gefühle und ihr Verhalten selbst verantwortlich.
(s. Kapitel 6).

11. Wenn wir Schuldgefühle abbauen wollen, müssen wir unsere Bewertungen und Schlußfolgerungen korrigieren und uns die neuen Einstellungen einprägen. Hierbei werden wir die 5 Phasen des Umlernens durchlaufen. Es ist normal und zu erwarten, daß wir uns eine Zeitlang so vorkommen werden, als ob wir uns belügen und etwas vormachen.
(s. Kapitel 3)

Teil II

12. Wollen wir unsere Schuldgefühle abbauen, ist es sinnvoll, die Situation zunächst im ABC der Gefühle darzustellen. Wir unterteilen das Ereignis nach:

A: Situation:
Was ist passiert? Was habe ich getan, gedacht, gefühlt, gesagt?

B: Bewertung und Schlußfolgerung:
Wie denke ich darüber, daß ich ... getan, gedacht, gefühlt, gesagt habe? Was bedeutet das für mich?

C: Gefühle, Körperreaktion und Verhalten:
Wie fühle und verhalte ich mich infolgedessen?
(s. Kapitel 1 und 7)

13. Da unsere Schuldgefühle die Folge fehlerhafter Bewertungen und Schlußfolgerungen sind, müssen wir unsere Gedankengänge auf ihre Richtigkeit und Angemessenheit überprüfen. Hierbei helfen uns die beiden Regeln für hilfreiches Denken:

- Entsprechen meine Bewertung und Schlußfolgerung den Tatsachen?
- Helfen mir meine Bewertung und Schlußfolgerung, mich so zu fühlen und verhalten wie ich es möchte?
  (s. Kapitel 7)

14. Es gibt kein Verbrechen, für das wir uns als Mensch in unserer gesamten Person ablehnen müßten. Es genügt, wenn wir unser Verhalten als falsch erkennen, bedauern und dafür Verantwortung übernehmen.
(s. Kapitel 7)

Teil III

15. Was auch immer wir falsch gemacht und „verbrochen" haben, wir können lernen, unsere Schuldgefühle zu überwinden. Sie sind lediglich das Resultat unserer Selbstgespräche und diese können wir 100%ig kontrollieren.
(s. Kapitel 8 bis 13)

Schlußwort

Liebe Leserin, lieber Leser,

wir sind am Ende unseres gemeinsamen Weges angekommen.
Sie haben viel über Schuldgefühle generell und auch über meine Lebensprinzipien erfahren. Es war sicher nicht immer einfach für Sie, sich Ihr Verhalten und Ihre Selbstvorwürfe nochmals so deutlich vor Augen zu führen. Ja, vielleicht haben Sie
stellenweise auch eine gewisse Ablehnung oder Ärger mir gegenüber verspürt. Ich möchte Ihnen dafür danken, daß Sie
mir dennoch weiterhin gefolgt sind. Ich weiß, daß ich viele Ihrer Vorstellungen in Frage gestellt habe. Sie wissen, daß Sie
ein Recht darauf haben, nach Ihren Vorstellungen zu leben.
Sie können das Buch jetzt zur Seite legen und so weiterleben
wie bisher. Es wird sich dann nichts in Ihrem Leben verändern und Ihre Schuldgefühle werden Sie weiterhin begleiten.
Sie haben sich dann einfach einmal Zeit genommen, mit mir
eine andere Sichtweise kennenzulernen.

Sie können sich jedoch auch entscheiden, eine oder einige
Ihrer Einstellungen zu verändern. Dann beginnt für Sie der
Prozeß des Umlernens. Möglicherweise ergibt sich damit für
Sie eine neue Möglichkeit, sich Schuldgefühle zu erzeugen:
Sie machen sich Schuldgefühle, weil Sie immer noch Schuld-
gefühle haben. Dann möchte ich Sie daran erinnern, daß das
Umlernen ein langsamer Prozeß in 5 Stufen ist. Immer wieder
werden Sie sich bei „Ich hätte ..."-Gedanken ertappen, solange
bis Ihr altes Programm gelöscht ist. Es wird Diskussionsrun-
den zwischen Ihrem alten und neuen Programm geben.

Gleichgültig wie ernsthaft Sie an Ihren neuen Gedanken arbeiten wollen, Sie werden sich immer einmal wieder bei den alten Einstellungen ertappen. Heißen Sie sie willkommen und beachten Sie sie nicht weiter. Dann werden Sie vorankommen auf Ihrem Weg zu einem größeren Seelenfrieden. Es gibt gar keinen Zweifel. Sie bestimmen über Ihre Gedanken, Ihre Gefühle und Ihr Verhalten. Ich wünsche Ihnen viel Kraft und den Erfolg auf dem Weg zu innerem Seelenfrieden und zur Selbstakzeptanz.

Ihre

Doris Wolf

Weiterführende Literatur

Wenn Sie unter Minderwertigkeitsgefühlen leiden und sich nicht durchzusetzen wagen:
R. Merkle: So gewinnen Sie mehr Selbstvertrauen. PAL.

Wenn Sie sich Ihren Gefühlen ausgeliefert sehen:
D. Wolf & R. Merkle: Gefühle verstehen, Probleme bewältigen. PAL.

Wenn Sie um einen Menschen trauern:
D. Wolf: Einen geliebten Menschen verlieren. PAL.

Auf der Homepage www.palverlag.de finden Sie viele kostenlose Hilfestellungen zu verschiedenen Problemen.

Suchen Sie eine persönliche Beratung und Unterstützung?

Wenn Sie die Hilfe eines psychologischen Psychotherapeuten in Anspruch nehmen möchten, dann schicken Sie uns bitte einen an Sie adressierten und mit EURO 0,55 frankierten Briefumschlag. Sie erhalten von uns dann eine Liste mit erfahrenen Therapeuten, die nach den in diesem Buch beschriebenen Methoden arbeiten. Wenn Sie in einer ländlichen Gegend oder einem kleinen Ort leben, teilen Sie uns bitte die nächstgrößeren Städte mit. Wir erteilen diese Aukunft ausschließlich schriftlich. Wenn Sie wissen möchten, ob und wo sich in Ihrer Nähe eine Selbsthilfe-Gruppe befindet, dann wenden Sie sich bitte an folgende Informationsstellen:
NAKOS Berlin: Tel.: 030-8914019
Arbeitsgemeinschaft Selbsthilfe-Gruppen: Tel.: 0641-9945612

PAL Verlagsgesellschaft mbH
Am Oberen Luisenpark 33 • 68165 Mannheim
Tel.: 0621-415741 • Fax: 0621-415101

Die Lebenshilfe-Bibliothek
erfahrener Therapeuten

Dr. Doris Wolf
**Ängste verstehen und
überwinden**
ISBN 3-923614-32-2

Dr. Rolf Merkle
**Wenn das Leben
zur Last wird**
ISBN 3-923614-47-0

Dr. Doris Wolf
**Wenn der
Partner geht**
ISBN 3-923614-74-8

Rolf Merkle
**So gewinnen Sie
mehr Selbstvertrauen**
ISBN 3-923614-34-9

Dr. Rolf Merkle
Eifersucht
ISBN 3-923614-24-1

Dr. Doris Wolf
**Keine Angst vor
dem Erröten**
ISBN 3-923614-59-4

Einen Prospekt über unsere Ratgeber erhalten Sie bei:
PAL Verlagsgesellschaft • Am Ob. Luisenpark 33
68165 Mannheim • Tel.: 0621-415741 • Fax: 0621-415101

Oder schauen Sie auf unserer Homepage vorbei:
www.palverlag.de
Hier finden Sie ausführliche Informationen zu unserern Büchern
sowie viele Problemlösestrategien und Hilfestellungen
von Dr. Doris Wolf & Dr. Rolf Merkle

Positive Impulse für jeden Tag
Bücher für ein erfülltes Leben

Doris Wolf/Rolf Merkle
**Verschreibungen zum
Glücklichsein**
ISBN 3-923614-04-7

Doris Wolf/Rolf Merkle
**Kraftquellen für
den Alltag**
ISBN 3-923614-51-9

Shad Helmstetter
**Anleitung zum
Positiven Denken**
ISBN 3-923614-28-4

Rolf Merkle
**Auch Du kannst mehr
aus Deinem Leben machen**
ISBN 3-923614-16-0

Der Start in ein
neues Lebensgefühl

Schenken Sie uns 5 Minuten Ihrer Zeit?

Liebe Leserin, lieber Leser,

um Sie und andere Leser auch in Zukunft optimal unterstützen zu können, benötigen wir Ihre Mithilfe. Beantworten Sie bitte die nachfolgenden Fragen. Ihre Antworten sollen uns helfen, unsere Bücher noch mehr auf die Wünsche und Bedürfnisse unserer Leser abzustimmen. **Am Ende jedes Monats verlosen wir unter allen Einsendern dieses Fragebogens 10 Dankeschön-Preise (Telefonkarten unseres Verlages, Postkarten mit positiven Gedanken, usw.) Ein Anspruch auf einen bestimmten Gewinn besteht nicht. Der Rechtsweg ist ausgeschlossen.**

1. Welches Buch haben Sie gelesen? Bitte Titel angeben.

2. Was gefällt Ihnen am besten daran?

3. Was stört Sie am meisten?

4. Was könnte man Ihrer Meinung nach verbessern?

5. Ist der Text so gestaltet, daß man ihn gut lesen kann?

6. Was hat Ihnen am meisten geholfen?

7. Kennen Sie ein anderes Buch zum gleichen Thema, das Ihnen mehr geholfen hat bzw. besser gefällt? Wenn ja, bitte Titel und Autor nennen.

8. Benötigen Sie noch weitere Hilfestellungen? Wenn ja, welcher Art?

9. Wie oder durch wen sind Sie auf dieses Buch gestoßen?

10. Würden Sie ein Seminar zu dem Thema dieses Buches besuchen, wenn es vom Autor dieses Buches angeboten würde?

Trennen Sie diese Seite bitte aus dem Buch heraus und schicken sie an uns.

Vorname .... Name ....

Straße ....

PLZ/Ort ....

Ihre Angaben werden streng vertraulich behandelt und dienen nur der Verbesserung unserer Bücher. Nach Auswertung wird dieser Fragebogen vernichtet.

PAL Verlagsgesellschaft • Am Oberen Luisenpark 33 • 68165 Mannheim
Tel.: 0621-415741 • Fax: 0621-415101